Gramática del estudiante
INGLÉS

Gramática del estudiante
INGLÉS

de

Paul Larreya
Claude Riviere
Robert Asselineau

DIFUSION

OCEANO

Dirección editorial:
Detlev Wagner y Neus Sans

Coordinación editorial:
Olga Juan y Mireia Boadella

Gramática del estudiante - INGLÉS
de Paul Larreya/Claude Riviere/Robert Asselineau
Adaptación y traducción:
Proforma, Barcelona

© 1992 by Editions Nathan, París
© 1994 by Wagner Idiomas y Difusión,
Barcelona. Edición española

Título de la edición original: Grammaire Anglaise
publicado por Editions Nathan, París

ISBN 84-494-2084-9
Depósito legal B-38592-XLIV
Impreso en España

PREFACIO

En el aprendizaje de una lengua extranjera, la gramática constituye un auxiliar imprescindible.

La denominamos auxiliar porque la gramática no podría ser el objeto único del aprendizaje.

La presente gramática, dividida en tres partes, ha sido concebida como un complemento a la práctica de la lengua.

1. La parte gramatical propiamente dicha

Esta parte recoge cien puntos claves de la gramática inglesa presentados y explicados en un lenguaje sencillo, basado en la terminología empleada habitualmente en la lengua materna. (Al final se encuentra un glosario de las formas más usadas)

2. Las "trampas" que deben evitarse

En esta parte figuran veinte puntos de gramática que pueden inducir a error a los hispanohablantes.

3. Las expresiones propias de la comunicación

Esta tercera parte reúne un conjunto de expresiones propias de los mecanismos de comunicación y se orientan directamente a la práctica de la lengua.

Las constantes alusiones a una u otra de las partes ayudarán al lector a hacerse una idea viva del conjunto del funcionamiento de la lengua inglesa.

El autor

El grupo verbal: auxiliares y verbos

1. Los auxiliares

Se distinguen de los verbos por el hecho de que poseen una forma negativa y una forma interrogativa construidas directamente (sin *DO*):

- **Forma negativa** constituida añadiendo simplemente *NOT*:

- *Tom is English.* → *Tom is not English.*
  Tom es inglés. → Tom no es inglés.

- **Forma interrogativa** constituida por simple inversión con el grupo del sujeto:

- *Tom is English.* → *Is Tom English?*

Los verbos necesitan *DO* para formar su negación y su interrogación en presente y en pretérito simples (➡ 5).

Hay en total once auxiliares: *BE, HAVE, DO* y los ocho modales: *CAN, MAY, MUST, WILL, SHALL, OUGHT, NEED, DARE*. Como veremos, *HAVE, DO, NEED* y *DARE* también pueden, para ciertos usos, pertenecer a la categoría de verbo.

La mayor parte de auxiliares poseen formas escritas **contractas** (*I am English* → *I´m English; He must not* → *He mustn´t*, etc.), que corresponden, en la lengua oral, a lo que se denomina **formas reducidas**. Las formas contractas/reducidas son las formas normales de la lengua no culta/elevada (salvo voluntad de insistencia sobre el auxiliar); no obstante no pueden aparecer al final de frase o delante de una pausa (por ejemplo en las "respuestas abreviadas"), (➡6.1).

2. Las cinco formas del verbo

Tomemos, por ejemplo, el verbo *WRITE*. Se puede encontrar este verbo bajo una de las cinco formas siguientes:

- *write*, la forma "desnuda" del verbo (o **base verbal**), que nosotros representaremos con **V**; es utilizada para el presente simple (salvo con un sujeto de la 3ª persona del singular), para el subjuntivo, para el imperativo y para el infinitivo;

- *writes*, la forma **V-s**, utilizada únicamente para la tercera persona del singular en el presente simple de indicativo (pronunciación, ortografía), (➡ 13);

- *wrote*, la forma del **pretérito** (➡ 13, verbos regulares/irregulares);

4

- *writing*, la **forma** **en** *written*, la forma del **participio pasado** (part. pasado) (➡ 23).

Existen dos tipos de infinitivo: el **infinitivo sin** *TO* (base verbal sola):

● *I must **write** that letter.I ought **to write** that letter.*
  Debería escribir esta carta.

La palabra *TO* tiene la siguiente particularidad: en ciertos contextos (por ejemplo en *I´m going to America*), *TO* es una **preposición** (introduce un **nombre**); en otros contextos (p. e. en *I´m going to write the letter*), *TO* es la **partícula infinitiva** (introduce un **verbo**); pero, en todos los casos, su sentido fundamental es el mismo: da idea de un "movimiento hacia".

3. Sentido de base de las formas del verbo

Las formas del verbo representan diferentes formas de ver un **acontecimiento**,lo que no se limita a la acción o al estado designados por el verbo. Así, en *Tom arrived in London* (Tom llegó a Londres), el verbo *ARRIVE* lleva la marca "pretérito"; esta marca sitúa en el pasado el conjunto del acontecimiento "Tom llega a Londres". (Notar que un acontecimiento puede corresponder tanto a un estado como a una acción: hablaremos de acontecimiento tanto a propósito de *Betty was American* como de *Tom arrived in London.*)

1. La **base verbal** es la forma "en bruto" del verbo (el verbo no lleva ninguna marca sintáctica). La ausencia de marca sintáctica significa simplemente que no se introduce ninguna limitación en el acontecimiento al que corresponde el verbo. Por lo tanto, cuando se emplea una base verbal sola, eso significa que el acontecimiento designado por la proposición es considerado "en bloque"; a esto se le llama visión **global** del acontecimiento.

El elemento *-s* (3ª persona del singular en el presente) y el elemento **pretérito** no modifican el carácter "global" del punto de vista expresado por V: las formas *writes* y *wrote* expresan, pues, una visión global del acontecimiento, igual que *write* (➡ 14 y 15).

2. En la **forma** *TO + V*, la partícula *TO* expresa un "movimiento hacia" (lo que, como hemos visto, es su valor fundamental); evidentemente,este movimiento tiene aquí un carácter abstracto (imaginario): se produce no hacia un lugar (como en *I´m going to London*) sino **hacia la realización de una acción** (*I´m going to eat*).

3. La **forma V-*ING*** nos sitúa mentalmente no *antes* del acontecimiento, como en el caso de *TO + V*, sino *durante* ese acontecimiento: V-*ING* expresa una mirada hacia un acontecimiento en un punto *cualquiera* de su desarrollo. No obstante, ese punto puede estar determinado por el contexto (➡ 19).

4. Con el **participio pasado** tampoco nos colocamos "antes" (como con *TO + V*), o "durante" (como con V-*ING*), sino "después"; estamos ante un hecho cumplido, totalmente (acontecimiento llegado a su término):

- *He has **written** the letter.*   Él ha escrito la carta.

o parcialmente (acontecimiento no terminado):

- *He has **lived** in this house for 2 years.*
  Vive en esta casa desde hace 2 años.

Modos y tiempos

1. Modos

-**Modos personales**: el **indicativo** y el **subjuntivo**; el grupo verbal de estos modos incluye obligatoriamente un sujeto (en 1ª, 2ª o 3ª persona).

-**Modos impersonales**: el **infinitivo** (sin *TO* o precedido de *TO*), la **forma en -*ING*** y el **participio pasado**; estos modos no son "conjugados".

-**Modo semipersonal**: el **imperativo** (que tiene solamente una persona, la segunda).

2. Tiempos

En inglés no hay más que dos tiempos sintácticos: el presente y el pretérito.

4. Formas del indicativo; tiempos simples, aspectos y modalidades

El cuadro que puede verse a continuación presenta el conjunto de las construcciones **afirmativas** [es decir, sin negación/interrogación/énfasis, (➡ 127)] del indicativo, voz activa. Estas construcciones están ilustradas con una frase formada con el verbo *work* y el nombre *Tom* como sujeto. Las construcciones en las cuales interviene un verbo modal están ilustradas mediante frases formadas con *MAY*.

Formas del grupo verbal en indicativo		
Formas simples	Presente	*Tom works.*
	Pretérito	*Tom worked.*
HAVE + part. pasado	Presente	*Tom **has** work**ed**.*
	Pretérito	*Tom **had** work**ed**.*
BE + *-ING*	Presente	*Tom **is** work**ing**.*
	Pretérito	*Tom **was** work**ing**.*
HAVE + part. pasado	Presente	*Tom **has been** work**ing**.*
+ *BE* + *-ING*	Pretérito	*Tom **had been** work**ing**.*
Formas modales (con el modal *MAY*)		
Modal solo	Presente	*Tom may work.*
	Pretérito	*Tom might **have** work**ed**.*
Modal + *HAVE*	Presente	*Tom may **have** work**ed**.*

6

+ part. pasado	Pretérito	*Tom might **have** work**ed**.*
Modal + ***BE*** + ***-ING***	Presente	*Tom may **be** work**ing**.*
	Pretérito	*Tom might **be** work**ing**.*
Modal + ***HAVE*** + part.	Presente	*Tom may **have been** work**ing**.*
pasado + ***BE*** + ***-ING***	Pretérito	*Tom might **have been** work**ing**.*

a. Todo grupo verbal en indicativo está necesariamente bien en **presente** bien en **pretérito**, y la marca de este tiempo la lleva obligatoriamente **el primer elemento del grupo verbal** (sea un verbo o un auxiliar); esta marca no puede figurar más que una vez en un mismo GV.

b. Igualmente, el primer elemento del grupo verbal es el que lleva la marca de **concordancia sujeto-verbo**: *Tom **works**, Tom **is** working* (3ª pers. del singular), *Tom and Nora **work**, Tom and Nora **are** working* (plural).

c. *HAVE* + part. pasado y *BE* + *-ING* son marcas de aspecto (y no de los tiempos). Están constituidas por dos elementos separados.

d. Los elementos del grupo verbal sólo pueden combinarse en el orden indicado en el cuadro anterior; en especial, no puede haber más que un solo **modal** en un GV, y ese **modal** se coloca necesariamente **al principio**.

5. El auxiliar DO

El cuadro anterior contiene las construcciones *afirmativas* del indicativo. En el epígrafe **6** veremos que, en las construcciones *no afirmativas* (interrogativas, negativas o enfáticas), hay obligatoriamente un **auxiliar** al principio del grupo verbal, y que, para las formas verbales que son "simples" en la forma afirmativa (*Tom works, Tom worked*), el paso a una forma no afirmativa exige **añadir el auxiliar** *DO*: ***Does** Tom work?* ***Did** Tom work?*

El auxiliar DO sólo existe en **presente** (***do, does***) y en el **pretérito** (***did***); excluye la presencia de cualquier otro auxiliar; es, pues, incompatible con *HAVE* + part. pasado, con *BE* + *-ING* y con un modal.

Forma del presente: ***do*** (personas diferentes de la 3ª del sing.), ***does*** (3ª pers. del sing., pronunciado /dʌz/); formas negativas contractas: ***don´t*** /dəʊnt/, ***doesn´t*** /dʌznt/.

Forma del pretérito: ***did*** en todas las personas; forma negativa contracta: ***didn´t***.

No hay que confundir el **auxiliar** *DO* y el **verbo** *DO*. Los dos pueden encontrarse en un mismo GV:

● *When **do** you **do** the shopping?* ¿Cuándo haces las compras?

6. Papel del auxiliar en las construcciones interrogativas, negativas y enfáticas

El papel principal es desempeñado por el primer auxiliar del grupo verbal (o, en los enunciados como *He doesn't work/He hasn't worked*, por el auxiliar único). Por una parte, este auxiliar sirve de soporte a la marca de tiempo (presente o pretérito) y, por otra parte, ocupa un lugar especial en cierto número de estructuras, descritas a continuación.

1. Estructura "auxiliar-sujeto"

Esta estructura se utiliza, en particular, para la **construcción interrogativa** [otras construcciones, (➥ 27)]. El esquema de la construcción interrogativa es el siguiente:

(Grupo interrogativo)	+ auxiliar	+ grupo sujeto	...?
How many postcards	*did*	*he*	*write yesterday?*
	Can	*the guide*	*speak English?*

Si la **palabra interrogativa** (o la **expresión interrogativa**) es el **sujeto** de la frase, este esquema no puede aplicarse; no hay entonces inversión auxiliar-sujeto, y en el presente/pretérito simples **no se utiliza *DO***.

● *Who left the door open?*.   ¿Quién dejó la puerta abierta?

En español se emplean normalmente las formas interrogativas basadas únicamente en la entonación, por ejemplo "¿Le gusta la música?". En inglés se hace raramente, salvo si se quiere hacer una pregunta orientada positivamente; por lo tanto se dirá habitualmente: *Does he like music?*

2. Construcción negativa

En un grupo verbal, la negación *NOT* descansa obligatoriamente sobre un auxiliar: *He **doesn't** like horror films*. Sin embargo, hay que tener en cuenta que las **negaciones distintas de *NOT*** (*NEVER, NO*, etc) **no desencadenan el uso de *DO*** en el presente/pretérito simples (➥ 41):

● *He does not smoke.*   *He never smokes.*
● *He doesn't know anything.*   *He knows nothing.*

3. Construcción interrogativa-negativa

Hay dos posibilidades de colocar la negación:

- nivel de lengua no culta/elaborada: ***Isn't she** American?*
- nivel de lengua culta, o voluntad de insistencia sobre la negación: ***Is she not** American?*

Si el sujeto es un **pronombre**, no hay otra posibilidad: *not* se contrae obligatoriamente cuando sigue al auxiliar.

En la 1ª persona del singular de *BE*, la forma interrogativa-negativa contracta es ***aren't I** /——/*: *Aren't I American?* Puede decirse también *Am I not American?* (nivel de lengua culta).

4. Construcción enfática

- *"I don´t think Nora likes music."* No creo que a Nora le guste la música.
- *"I´m sure she **does** like it."* Estoy seguro(a) de que le gusta.

La construcción enfática expresa cierto tipo de insistencia (⟼ 130). También se asienta obligatoriamente sobre un auxiliar; así pues, en el presente/pretérito "simples", necesita del uso de *DO*.

5. Repeticiones con el auxiliar

En estas repeticiones se suprime todo lo que sigue al primer auxiliar. Por tanto, no se conserva del grupo verbal y de sus eventuales complementos **más que el auxiliar**. Construcciones principales:

Respuesta abreviada	*"Are they in the garden?"* *"Yes, **they are**."/* *"No, **they aren´t**."*	¿Están en el jardín? -Sí/No.
Repetición interrogativa	*Nora knows the answer, **doesn´t she**?* *The letter won´t arrive too late, **will it**?* (1)	Nora sabe la respuesta, ¿eh? / ¿no? / ¿verdad? / ¿no es así? La carta no llegará demasiado tarde, ¿eh?
Construcción ***SO / NEITHER / NOR*** **+ aux. + sujeto**	*He lived in Leeds, and **so did Ted**.* *"She hasn´t got a watch."* *"**Neither have I / Nor have I**."*	Él vivía en Leeds, y Ted también. -Ella no tiene reloj -Yo tampoco.
Construcción **SO + sujeto + aux.** **(confirmación sorprendida)**	*"The door is locked".* *"**So it is!**"* (2)	-La puerta está cerrada con llave. -¡Sí, en efecto!
Pregunta de confirmación	*"I´ve given up smoking".* *"**Have you**?.*	-He dejado de fumar. -¿Ah, sí? / ¿De verdad?
Construcción **sujeto + aux.** **+ *TOO/EITHER***	*"He lived in Leeds, and **Ted did too**".* (3) *"She hasn´t got a watch".* *"**I don´t have one, either**."* (3)	Él vivía en Londres, y Ted también. -Ella no tiene reloj. -Yo tampoco.

(1) Por regla general, la repetición interrogativa es **negativa después de un grupo verbal positivo**, y **positiva después de un GV negativo**. Sin embargo es posible encontrar (p. e. por un efecto de ironía):

- *So you want to leave, do you?* Así que quieres irte, ¿eh?

(2) No confundir esta construcción con la precedente; aquí no hay inversión sujeto-auxiliar.

(3) Igual sentido que las construcciones... *and so did* ..., *Neither / Nor have I*, etc.

a. En la construcción *there is/there are...*, THERE ocupa el lugar sintáctico del sujeto; por lo tanto se repite en lugar del sujeto.

● *There were a lot of people, weren´t **there**?*
  Había mucha gente, ¿no?

b. Los pronombres indefinidos en singular: *somebody*, *nobody*, etc. (➡ 126) son repetidos por el pronombre *they* (por lo tanto por un **plural**), y en la repetición el auxiliar concuerda igualmente con el **plural**.

● *Somebody has forgotten to close the door, **haven´t they**?*
  Alguien ha olvidado cerrar la puerta, ¿no?

e y Have

7. BE: formas

Cualquiera que sea la construcción en la que intervenga (*BE* + adjetivo, *BE* + V-*ING*, etc), *BE* funciona siempre cómo un **auxiliar**: tiene una forma negativa/interrogativa "directa" (es decir sin *DO*).

● *Tom is American* → *Tom **is not** American. / **Is Tom** American?*

Excepción hecha del imperativo negativo, que nunca puede construirse sin *DO*:

● *Don´t be stupid!*   ¡No seas estúpido!

La conjugación de *BE* es la siguiente:

- **Base verbal**: *be* (forma utilizada para el infinitivo, el imperativo y el subjuntivo).

- **Presente**: *I am..., He/She/It **is**..., We/You/They are...*
Formas contractas (afirmación): *I´m..., He/She/It´s..., We/You/They´re...*
Formas contractas (negación): *I´m not..., He/She/It isn´t...* o *He/She/It´s not..., We/You/They aren´t...* /aɪnt/ o *We/You/They´re not...*

- **Pretérito**: *I/He/She/It **was*** /wɒz/,/wəz/ *We/You/They **were*** /wɜ:/,/wə/.
Formas contractas negativas: *I/He/She/It **wasn´t**, We/You/They **weren´t*** /wɜ:nt/.

- **Forma en -*ING***: *being*.

- **Participio pasado**: *been* /bi:n/ o /bɪn/.

8. HAVE: formas

HAVE puede tener las características sintácticas de un **auxiliar** (negación/interrogación sin *DO*) o las de un **verbo** (negación/interrogación con *DO*):

- Tiene obligatoriamente las características de un **auxiliar** en la construcción del **perfecto** (*HAVE* + participio pasado).

- *He has eaten.*   Él ha comido.
→ *He **has not** eaten./**Has he** eaten?*

- **En todos los demás casos**, puede ser utilizado como un **verbo** (es decir, con *DO* en la forma negativa/interrogativa):

- ***Do you have** a pen?*   ¿Tiene un bolígrafo?
   *He **doesn´t have** to go.*   Él no necesita irse.

Conjugación de *HAVE*:

- **Base verbal:** *have*.
- **Presente:** *I **have**, He/She/It **has**, We/Yoy/They **have***.

Formas afirmativas contractas: *I´ve..., He/She/It´s..., We/You/They´ve...*
Formas negativas contractas (para *HAVE* **auxiliar**): *I **haven´t**, He/She/It **hasn´t**, We/You/They **haven´t***.
Con ***HAVE GOT***, la forma negativa contracta es *I/We/You/They **haven´t got** y He/She/It **hasn´t got***.

- **Pretérito:** *had* en todas las personas. Forma afirmativa contracta: *´d*.
Forma negativa contracta (para HAVE **auxiliar**): ***hadn´t***.

- **Forma en -*ING*** y **participio pasado:** *having* y *had*.

9. BE y HAVE: sentido de base

Para entender bien los diferentes usos de *BE* y de *HAVE* es preciso entender antes su sentido fundamental. Hay, desde el punto de vista del sentido, un estrecho vínculo entre *BE* y *HAVE*, como puede constatarse, por ejemplo, en:

- *Tom´s neighbours **are** noisy.*   Los vecinos de Tom son ruidosos.
   *Tom **has** noisy neighbours.*   Tom tiene vecinos ruidosos.

Fundamentalmente, *BE* y *HAVE* expresan los dos la misma relación (una relación de **pertenencia**), pero considerándola desde dos puntos de vista diferentes:

- *BE* sitúa su **sujeto** en una categoría, un lugar, etc. Por ejemplo, *Tom´s neighbours are noisy* sitúa *Tom´s neighbours* en la categoría "*noisy*".

- *HAVE* sitúa su **complemento** en el "universo del sujeto". Así, *Tom has noisy neighbours* sitúa *noisy neighbours* en "el universo de Tom". Se trata de una **sentido más amplio que el de "posesión"**.

Volveremos a encontrar estos valores de *BE* y *HAVE* en sus usos gramaticales: *BE* + -*ING*, *present perfect*, etc.

En español, hay entre SER y TENER el mismo parentesco que entre *BE* y *HAVE* en inglés. Sin embargo, el inglés y el español no eligen forzosamente el mismo punto de vista para expresar una misma relación, y a menudo encontramos en inglés *BE* cuando el español utiliza TENER:

- **Tengo** frío. ↔ *I´m cold.*
  Tiene hambre. ↔ *He´s hungry.*
  ¿Qué edad **tiene**? ↔ *How old are you?*
  ¿Qué profundidad **tiene** la piscina? ↔ *How deep is the swimming pool?*

10. Construcción *there is/there are/...*

Esta construcción no siempre equivale al español *hay.*
Formas:

1. El sujeto **real** está colocado después del auxiliar *BE*:

- *There is **a dog** in the garden.* → Hay un perro en el jardín.

La **concordancia singular/plural** se realiza con el sujeto real.

- *There **is a dog** in the garden.* → *There **are two dogs** in the garden.*

No hay que dejarse influir por el español, donde HAY permanece siempre en singular.

2. En la forma interrogativa, sin embargo, *THERE* ocupa el lugar del sujeto debido a la **inversión sujeto-auxiliar**: *Is there a dog in the garden?*

3. El auxiliar *BE* puede ser conjugado con otros auxiliares:

- *There **have been** problems.* Ha habido problemas.
  (Cuidado con la concordancia.)

  ***There must have been** a lot of fog.* Ha debido de haber mucha niebla.
  (Atención: no utilizar *it* en el lugar de *there*.)

11. *HAVE* y *HAVE GOT*

1. *HAVE:* ¿acción o estado?

El sentido de base de *HAVE*, como hemos visto, es la expresión de una relación de pertenencia. Se trata, pues, no de una acción, sino de un **estado**. No obstante, por una especie de deslizamiento de sentido, *HAVE* puede también expresar aquello que, lógicamente, precede al "tener" -es decir, el hecho de tomar, de obtener, etc.

- ***Have** a drink!* ¡Toma una copa!
  *They always **have** lunch together.* Siempre comen juntos.
  *How often do you **have** a bath?* ¿Con que frecuencia se baña?

De hecho, los usos de *HAVE* como verbo de acción son muy variados. Aunque su equivalente español es normalmente TENER, en los casos mencionados no expresa un estado sino una **acción**.

2. *HAVE GOT*

El uso de *HAVE GOT* en lugar de HAVE es bastante frecuente en algunas variedades del inglés, pero **nunca es obligatorio** y está sometido a ciertas reglas:

-*HAVE GOT* puede ser utilizado para expresar un **estado**, incluso si este sentido está un poco alejado del sentido de posesión:

- *He hasn't got any children.*   Él no tiene hijos.
  She's got the flu.   Ella tiene la gripe.

Por el contrario, no puede ser empleado con un sentido de **acción**; se dirá obligatoriamente: *They have breakfast at eight* (no se puede usar *got*).

- En *HAVE GOT*, *HAVE* es siempre **auxiliar**; por tanto es **incompatible con DO**. Ejemplo de forma negativa: *He hasn't got a car.*

- *HAVE GOT* nada más se utiliza en el **presente simple** y en el **pretérito simple**. De hecho, su uso sólo es corriente en presente: *He's got a Japanese car.* Todas las demás formas quedan excluidas: el equivalente de Él nunca había tenido coche es *He'd never had a car.*

- *HAVE GOT* pertenece a un nivel de lengua más bien familiar; se evita su uso en el lenguaje cuidado.

3. *HAVE* (sin *GOT*)

Aquí hay que dejar aparte las formas del perfecto (*He hasn't finished*). Fuera de estas formas, es raro que se utilice HAVE como auxiliar, en la forma negativa o interrogativa, sin poner a continuación GOT; así pues, *He hasn't a car* es posible pero raro; se dirá o bien *He **hasn't got** a car* (ver, no obstante, más arriba las restricciones que conciernen a HAVE GOT), o bien *He **doesn't have** a car* (siempre posible).

12. Relación entre *BE/HAVE* y *GET*

Aunque tenga usos aparentemente muy distintos unos de otros, el verbo GET posee una unidad de sentido fundamental. Expresa, en todos los casos, bien lo que está antes de **"ser"** (es decir, "volverse", "desplazarse hacia", etc.), bien lo que está antes de **"tener"** ("obtener", "coger", etc.). Este sentido corresponde a los valores "dinámicos" que *BE* y *HAVE* adoptan en ocasiones. Por lo tanto no es sorprendente que *GET* pueda desempeñar un papel parecido al de *BE* o de *HAVE* en algunas construcciones, en particular (➡ 149 y 159).

 resente y pretérito simple

13. Las formas del presente y del pretérito simples

1. Presente

- Personas distintas de la 3ª persona del singular: base verbal sola; ejemplo con el verbo *work* (trabajar): *I/You/We/They **work***.

- 3ª persona del singular: base verbal + terminación **-s** (*He/She/It **works***; pronunciación de la terminación: ver punto **3** a continuación).

2. Pretérito

Para los verbos irregulares, ver lista al final de la obra. Para los verbos regulares: base verbal + terminación *-ed* (*I/you/he/she/it/we/you/they worked*); pronunciación de *-ed*: ver punto **4** a continuación.

3. Pronunciación de la -*S* final del presente en 3ª persona

- /ɪz/ después de los sonidos /s/, /z/, /ʃ/, /ʒ/ (en la escritura, verbos que terminan en S, X, Z, CH, SH, o CE): *miss* → *misses* /ˈmɪsɪz/; *watch* → *watches* /ˈwɒtʃɪz/, etc.

- /s/ después de las consonantes "sordas" (/p/, /t/, /k/, etc.; de hecho, se trata de las consonantes detrás de las que sería difícil pronunciar /z/): *treats* /triːts/.

- /z/ después de las consonantes "sonoras" (/b/, /d/, /g/, etc.) y después de todas las vocales: *feeds* /fiːdz/, *plays* /pleɪz/.

Desde el punto de vista de la pronunciación, los verbos *say* y *do* son irregulares en la 3ª persona del singular: /seɪ/, /sez/, /duː/, /dʌz/.

4. Pronunciación de la terminación -*ed* del pretérito

- /ɪd/ después de los sonidos /t/ o /d/: *treated* → /ˈtriːtɪd/; *commanded* →/kəˈmɑːndɪd/.

- /t/ después de las consonantes "sordas" (/p/, /f/, /k/, etc.; de hecho, se trata de las consonantes detrás de las que sería difícil pronunciar /d/): *looked* /lʊkt/.

- /d/ después de las consonantes "sonoras" (/b/, etc.) y después de todas las vocales: *loved* /lʌvd/, *played* /pleɪd/.

Si la base verbal termina con una **R** en la escritura, el **sonido** final es una **vocal**: *prefer*: /prɪˈfɜː/; por tanto, *preferred* se pronuncia /prɪˈfɜːd/.

5. Casos particulares ortográficos
Presente

- Terminación -**ES** después de **S, X, Z, CH, SH, O** (*he passes, he mixes, it buzzes, he watches, he washes, he goes,* etc.).

- Delante de la terminación -**S**, una **Y precedida de una consonante** se convierte en **IE**: *cry* → *he cries.* (No hay modificación en caso de Y precedida de una vocal: *play* → *he plays.*)

Pretérito

- Si la base verbal termina en **E**, se añade solamente -**D**: *like* → *liked.*

-Modificaciones ortográficas originadas por la terminación *-ed:*

-Si la base verbal termina en una **Y precedida de una consonante**, esta Y se convierte en I: *try* → *tried.* (No hay modificación en el caso de una Y precedida de una vocal: *play* → *played.*)

-Si la base verbal termina en una sola consonante precedida de una sola vocal, y si **la última sílaba está acentuada, la consonante se dobla**: *preˈfer* → *preˈferred* (pero ˈoffer → ˈoffered).

- En inglés británico, la consonante final de las **terminaciones -AL y EL** (sílaba no acentuada) se dobla, pero no ocurre así en el inglés americano: *signal* → (GB) *signalled*, (US) *signaled; travel* → (GB) *travelled*, (US) *traveled*.

-Verbos en **-IC** (*panic, picnic*, etc.): se añade una **k** delante de *-ed* (*panic* → *panicked*).

Atención: no hay que olvidar que en la forma interrogativa, negativa o enfática del presente/pretérito se utiliza **el auxiliar *DO* + base verbal**.

- *When **did** he **come**?*

14. El presente: sentidos y usos

Sentido de base: el presente simple es utilizado para un **acontecimiento** o una **serie de acontecimientos** que son:

- **presentados como reales** en el momento en que se habla o se escribe;

- considerados en la **totalidad de su duración (aspecto "global")**; en este segundo caso, el presente simple se opone al presente de *BE + -ING* (➠ 19).

Usos

1. Acontecimientos situados en un presente "ensanchado". (Se los considera **en su totalidad**, y no en relación al instante presente.)

- *Tom **smokes**.*   Tom fuma.

Esto equivale a "Tom es fumador"; se expresa una característica general que no está ligada al momento presente; comparar con : *Tom is smoking.* (➠ 20).

- *I **know** that you **don't like** him.*   Sé que a usted no le gusta.

Aquí, la forma *BE + -ING* sería absolutamente imposible (➠ 20).

- *The Thames **flows** into the North Sea.* El Támesis desemboca en el mar del Norte.

BE + -ING es igualmente imposible.

- *Two an two **make** four.*   Dos y dos son cuatro.

Sucede lo mismo.

2. Acontecimientos que coinciden más o menos en el tiempo con el instante presente, y que son considerados en la totalidad de su duración. Aunque estén "produciéndose", no se utiliza *BE + -ING*. El primer ejemplo está extraído de una demostración de receta de cocina, el segundo de los comentarios de un partido de fútbol radiado y el tercero es un enunciado "performativo" (es decir, utilizado para cumplir un acto).

- *Now, I **mix** the flour and the egg yolk...* Ahora, mezclo la harina y la yema de huevo...

  *He **scores**!*   Marca un gol!

*I **pronounce** you man and wife.*   Os declaro marido y mujer.

3. Acontecimientos **habituales** (salvo si se trata de una costumbre temporal) (➡ 20):

● *She **takes** the bus every morning.*   Ella coge el autobús todas las mañanas.

4. Acontecimientos pasados narrados en presente (lo que tiene como efecto hacerlos vivir en una especie de "presente"):

● *... and then the taxi **stops**, and the other one **brakes**, and...*
   ... y entonces el taxi se para, y el otro frena, y...

5. Acontecimientos futuros ya **"programados"** (y que por tanto tienen ya una realidad):

● *Her plane **takes off** at 7.20.*   Su avión despega a las 7 y 20.
   *Tomorrow **is** February 21.*   Mañana es el 21 de febrero.

6. En las **subordinadas de sentido futuro** que prohiben el uso de WILL/SHALL (➡ 58):

● *I´ll believe it when I **see** it.*   Lo creeré cuando lo vea.

15. El pretérito: sentido de base

En todos sus usos, el pretérito expresa una **distancia en relación a la realidad del momento presente**: el acontecimiento, o de un modo más amplio la situación considerada, no tiene (o no tiene ya) realidad en el momento en que se habla. Los usos del pretérito se dividen en dos grandes categorías: valor de **pasado** y valor de **no real**.

16. El pretérito: valor de pasado

1. Consideraciones generales

Imaginemos la frase *Tom lived in Manchester* (Tom vivía en Manchester). Según el contexto, esta frase puede, implícitamente, corresponder a varios tipos de "no realidad": Tom ya no vive en Manchester, o está muerto, o se ha perdido todo contacto con él, etc. Así pues, cualquiera que sea su contexto, esta frase establece un **corte en relación al momento presente**. Esto constituye la clave de la oposición con el *present perfect*, que, por el contrario, establece un lazo con el momento presente. (➡ 24).

2. Como el presente simple, el pretérito simple considera el acontecimiento **en su totalidad**: *Yesterday he **wrote** the letter* (Ayer escribió la carta). Por lo tanto se opone al pretérito en *BE + -ING*, que lo considera en un punto de su desarrollo: *When I entered the room he **was writing** the letter* (Cuando yo entré, él estaba escribiendo la carta). Obsérvese asimismo el paralelismo con el presente simple para las acciones habituales: *She took the bus every morning* (Ella cogía el autobús todas las mañanas) y para las subordinadas de tiempo/condición, etc. (➡ 58) que tengan un sentido de "futuro en el pasado": *He* *said he would believe it when he **saw** it* (Ha dicho que lo creería cuando lo viese).

3. Una frase como *Tom took the bus* (Tom cogió el autobús) sólo tiene sentido si el acontecimiento está asociado a una **referencia temporal** (fecha, hora, etc.) que lo sitúa en el tiempo. Esta referencia puede ser explícita: *Tom took the bus **at 7 this morning***, o implícita: *I bought this scarf in Greece* (Compré este pañuelo en Grecia = cuando yo estaba en Grecia); puede ser precisa (fecha, etc.) o imprecisa: *formerly* (antaño), *in the past* (en el pasado).

4. *AGO* constituye uno de los medios de establecer una referencia temporal:

- *I **met** Tom **three days ago**.* Encontré a Tom hace tres días.

Es de notar el orden de las palabras (indicación de tiempo + *AGO*), y la asociación de *AGO* **con el pretérito**.

5. Estilo indirecto. [Ver también "Estilo referido" (➠ 193 y siguientes). Se aplica una regla de concordancia de los tiempos si el verbo que introduce el estilo indirecto está en **pretérito** (*He said/thouht/knew that...*); el paso del estilo directo al estilo indirecto muestra cómo se aplica esta regla:

- *He said, 'I **can** swim´.*   Ha dicho: "Yo sé nadar." (estilo **directo**)
  → *He said that he **could** swim.*   Dijo que sabía nadar. (estilo **indirecto**)

17. El pretérito: valor de no real (pretérito llamado "modal")

En estos usos, el acontecimiento tiene un carácter imaginario, teórico, hipotético (proposición introducida por *if*, etc.) Por otra parte -y esto es lo que supone el uso del pretérito- es contemplado, a nivel implícito, como "contrario a la realidad". Esta contradicción puede ser absoluta (valor de **irreal**) o relativa (valor de **no seguro**). Ejemplos:

- *If you **lived** in London...*   Si usted viviese en Londres...

Lo que implica: "...pero usted no vive en Londres." (valor de **irreal**)

- *If it **rained** tomorrow...*   Si lloviese mañana...

Lo que implica: "... pero es poco probable que llueva." No habría esta implicación con *If it rains tomorrow*. Se dirá *If it rained tomorrow...* si, por ejemplo, se está en una época en que hace muy buen tiempo. Es la misma diferencia en español entre Si llueve mañana y Si lloviera mañana. El pretérito tiene aquí un valor de **no seguro**.

Entre los usos del pretérito de modo no real, hay que recordar su uso en tres construcciones que ilustran los siguientes ejemplos:

- *I wish I **lived** in London.*   Siento no vivir en Londres.

(Expresión de un "deseo contrario a la realidad".)

- *I´d rather* you *stayed*.   Preferiría que se quedase.

Implicación: "... pero quizás haya usted decidido no quedarse."

- *It´s (high) time* the children *went* to bed.   Es hora de que los niños vayan a acostarse.

Se añade igualmente a esta categoría el pretérito llamado "de cortesía" utilizado en los **enunciados directivos** (enunciados tendentes a "impulsar a hacer alguna cosa"):

- *I wanted* to ask you a favour.   Quería pedirle un favor.

Son numerosas las implicaciones posibles; por ejemplo: "... pero usted quizás no podrá hacérmelo."

- *You could* say thank you.   Podrías decir gracias.
  Could you open the window?   ¿Podrías abrir la ventana?

Resumen: los usos del pretérito

1. Valor de pasado

a. Pasado de narración (o pasado propiamente dicho): *Christopher Columbus **discovered** America in 1492.*

b. Pasado de estilo indirecto: *Tom said that he **liked** that book* (Tom ha dicho que a él le gustaba ese libro).

2. Valor de no real (pretérito llamado "modal")

a. Irreal: *If you **lived** in London...* (Si usted viviese en Londres...).

b. No seguro: *If it **rained** tomorrow...* (Si lloviese mañana...).

B E+ -ING
(o forma progresiva)

18. Forma

Se trata de una asociación de dos elementos:
- **El auxiliar** *BE*, que es el elemento **conjugado**:

- *He **is** reading the letter.*   Él lee la carta. (presente, 3ª pers. singular)
  *He **was** reading the letter.*   Él leía la carta. (pretérito)
  *He seems **to be** reading the letter.*   Parece que está leyendo la carta. (infinitivo con *to*)

- **La marca** *-ING*, que es **invariable** y que va unida al verbo: *work → working*.

Ciertas terminaciones del verbo entrañan **modificaciones ortográficas** delante de *-ING*:

a. Si el verbo termina en una *e* no doblada, esta *e* es suprimida delante de *-ING*: *love → loving*.

b. La consonante final se dobla en los mismos casos que delante de *-ED* (➠ 13): *pre´fer → pre´ferring* (pero *re´member → re´membering*), etc.

19. Sentido de base de *BE + -ING*

1. BE + -ING expresa una mirada hacia el acontecimiento **en un punto de su desarrollo**. Esta forma de abordar el acontecimiento se opone a la visión **global** expresada por las formas simples (presente y pretérito ➠13-16). Comparemos:

- *At one o´clock, Tom **was clearing** the table.*
  A la una, Tom estaba recogiendo la mesa.
  *At one o´clock, Tom **cleared** the table.*
  A la una, Tom recogió la mesa.

La primera frase, contrariamente a la segunda, no nos dice si Tom ha terminado de recoger la mesa. (Evidentemente, es posible que haya terminado, pero eso no forma parte de lo expresado por *BE + -ING*.)

2. *BE + -ING* se emplea muy a menudo para un efecto de **identificación**: cuando se quiere saber en qué consiste un acontecimiento (cuando se quiere saber si, por ejemplo, se trata de la acción de leer, o de jugar al tenis, o de trabajar, etc.), no es necesario considerar este acontecimiento en la totalidad de su duración, sino que es posible contentarse con un simple "vistazo". En el enunciado siguiente, *BE + -ING* expresa esencialmente esta especie de vistazo mental, destinado a **identificar** un acontecimiento:

- *Every time you use your car, you **are polluting** the atmosphere.*
  Cada vez que usa su coche, usted está contaminando la atmósfera.

Aquí se podría utilizar igualmente la forma simple: *Every time you use your car, you **pollute** the atmosphere* (Cada vez que usa su coche, usted contamina la atmósfera). Por lo tanto la forma simple también puede adoptar en ciertos casos un valor de identificación; pero la forma *BE + -ING*, debido a su efecto de "focalización", desempeña esta función de una manera más espectacular.

3. Hay siempre, en los usos de BE + -ING, un **punto de referencia** desde el que se contempla el acontecimiento. Este punto de referencia desempeña un papel esencial. Según la forma como es establecido, se obtienen usos bastante diferentes de BE + -ING.

20. Usos de BE + ING: punto de referencia definido

El acontecimiento es contemplado en un solo punto de su desarrollo. La identificación de ese punto puede hacerse de diferentes formas:

- **Momento en el que se habla o escribe:**

- *Look, Tom **is playing** cards.*   Mira/Mirad, Tom está jugando a las cartas.

- **Pasado muy reciente:**

- *Are you suggesting that I am a liar?*   ¿Insinúas que soy un mentiroso?

Se sobreentiende, evidentemente: "al decir lo que acabas de decir"; se busca **identificar** un hecho (se busca saber en qué consiste), de ahí el uso de *BE + -ING*.

- **Fecha, hora**, etc.:

- *At 2 o´clock, Tom and Sonia **were playing** cards.*
  A las 2, Tom y Sonia estaban jugando a cartas.

- **Otro acontecimiento:**

- *When I entered the room, Tom and Sonia **were playing cards**.*
  Cuando he entrado en la habitación, Tom y Sonia jugaban a las cartas.

a. Los usos de *BE + -ING* **no siempre corresponden a los del gerundio español**. Obsérvese en particular el caso de los **verbos de actitud**: SIT (estar sentado), STAND (estar de pie), etc.:

- *Sonia **is sitting** in the back seat.*   Sonia está sentada en el asiento   de atrás.

No es preciso emplear, como se hace en español, el participio pasado.

b. El uso de *BE + -ING* puede implicar el carácter **provisional** de un hecho. Comparar:

- *Tom **is living** in London.*   Tom está viviendo en Londres.

Se quiere decir: él vive allí en este momento, pero no de forma permanente.

- *Tom **lives** in London*   Tom vive en Londres. (de forma permanente)

Este carácter "no permanente" puede aplicarse a una serie de aconteci-mientos (expresión de una **costumbre provisional**):

- *Tom is walking to work these days.* Tom va a pie a su trabajo estos días.

c. Uso **con** *BE* + **adjetivo**. Compárese:

- *You **are** silly.*   Eres tonto.

Se trata de un estado "permanente".

- *You **are being** silly.*   Estás tonto.

Te comportas/ hablas de una manera estúpida: hecho momentáneo.

d. En numerosos contextos, el uso de *BE* + *-ING* es imposible con ciertos verbos (sobre todo *SEE, HEAR, SEEM, RESEMBLE, POSSESS, BELONG, EXIST, LIKE, LOVE, KNOW, THINK, SUPPOSE, UNDERSTAND*, etc.), que expresan el resultado de una percepción, de una actividad mental o de una evaluación; en efecto, no tendría sentido ver ese resultado "en curso de desarrollo". En los casos siguientes, por ejemplo, el uso de *BE* + *-ING* sería imposible (aunque el sentido sea "en ese momento"):

- *I **see** somebody who **looks** lost.*   Veo a alguien que parece perdido.
  *I **think** he **knows** the answer.*   Creo que él conoce la respuesta.

Huelga decir que las restricciones al uso de *BE* + *-ING* no se aplican cuando los verbos del tipo *SEE* son empleados en un sentido diferente, por ejemplo, para *SEE*, en el sentido de "encontrarse con":

- *I'm **seeing** Tom tomorrow.*

21. Usos de BE + -ING: punto de referencia repetido

Aquí, el punto de observación no es ya único. Su identificación puede hacerse de diversas maneras.

1. El punto de referencia está constituido por **otro acontecimiento** (que **se produce varias veces**):

- ***Whenever I visit him,*** *he is mowing his lawn.*
  Cada vez que voy a verle, está cortando su césped.

Si la proposición principal estuviese en la forma simple -*Whenever I visit him, he **mows** his lawn*-, se expresaría una sucesión de acontecimientos, con una relación de causa a efecto ("... se pone a cortar su césped"); (➠ 165).

- ***Whenever you use your car,*** *you are polluting the atmosphere.* (➠ 19.2).

2. El punto de referencia está constituido por ***always*** (siempre), ***forever*** (sin cesar), ***continually*** (continuamente), o por un adverbio/una expresión de sentido similar:

- *Tom is **always** asking questions.*

Tom no cesa de hacer preguntas/está todo el tiempo haciendo preguntas. Este uso, con la parte de exageración que forzosamente comporta, traduce un punto de vista subjetivo (irritación, admiración, etc.).

Observese, como contraste, la utilización de la forma simple a modo de expresión "objetiva" de una costumbre; según el caso, "Tom deja siempre la puerta abierta" se traducirá por *Tom always leaves the door open* (constatación objetiva) o por *Tom is always leaving the door open* (reproche, etc.).

22. Usos de *BE + -ING:* punto de referencia futuro

El acontecimiento, situado en el futuro, es el resultado de una **intención**. El punto de referencia futuro puede ser más o menos preciso.

- *I´m leaving **at 6 tomorrow morning***.
  Salgo mañana a las 6 de la mañana.
  ***Tomorrow evening** I´m watching TV.*
  Mañana por la tarde miro la televisión.

El punto de observación es cualquier momento situado en el interior del período *tomorrow evening*.
El tiempo sintáctico del auxiliar *BE* (el presente en los dos ejemplos precedentes) corresponde al momento donde se sitúa la **intención**. Esta última puede ser la **intención del sujeto**:

- ***Tom y Sonia** are getting married in June.*
  Tom y Sonia se casan en junio.

o la **intención de la persona que habla**:

- *You are not parking here!*   ¡Tú no vas a aparcar aquí!

Dos precisiones sobre BE + -ING (para evitar dos errores comunes)
1. *BE + -ING* **no expresa duración.** Expresa de hecho algo muy diferente, puesto que presenta una visión en un **punto** del acontecimiento.
2. *BE + -ING* **no implica necesariamente que el acontecimiento esté inacabado.** (Simplemente, no es su final lo que nos interesa.):
● *He´s been drinking.*   Ha estado bebiendo (➡ 28).

HAVE+ participio pasado (el perfecto)

23. Forma

Se trata de una asociación de dos elementos.

El auxiliar *HAVE* es el elemento **conjugado**. Puede estar en **presente**; se obtiene entonces un **present perfect**: *I **have** finished / He **has** finished*. Puede estar en **pretérito**; resulta entonces un **past perfect**: *I **had** / He **had** finished*. Puede combinarse con *BE + -ING*: *He has **been** drinking* (➟ 28). Puede estar precedido de un modal: *He **must** have finished*. Etc.

El verbo lleva la marca del **participio pasado**, que es **invariable**. Para los verbos regulares, la marca del participio pasado es la terminación -ED, como para el pretérito, (➟ 13).

24. El present perfect: sentido de base

El *present perfect*, que está formado por el auxiliar HAVE en **presente**, expresa un **punto de vista presente** sobre un acontecimiento situado en todo o en parte en el **pasado**. Para comprender sus usos, no es inútil conocer su origen: *I have written the letter* procede de *I have the letter written* (palabra por palabra: Yo tengo la carta escrita); de hecho hay siempre, en el *present perfect*, la idea de un conocimiento **situado en el presente**. Sus usos se dividen en dos grandes categorías: valor de **resultado** y valor de **duración**.

25. El present perfect: valor de resultado

Se considera el **resultado presente** de un acontecimiento pasado.

● *Sorry, I can't tell you the time. I **'ve lost** my watch. I lost it yesterday on my way to work.*
Lo siento, no puedo decirle la hora. He perdido mi reloj. Lo perdí ayer camino del trabajo.

Adviértase el uso del *present perfect* en la segunda frase, y el del pretérito en la tercera. El acontecimiento es el mismo en los dos casos, pero el **punto de vista** es diferente: con el *present perfect* nos interesa el **resultado presente**, mientras que con el pretérito nos interesa el acontecimiento en sí mismo y con sus circunstancias (*yesterday, on my way to work*).

● *I **haven't seen** the film, so I can't tell you about it.*
No he visto la película, así que no puedo hablarte de ella.

Aquí se trata evidentemente del **resultado negativo** de un acontecimiento que no ha sucedido.

- *Tom **has been** to the United States.*
  Tom ha ido a los Estados Unidos.

El sentido de *HAVE* está aquí próximo al de posesión: expresa la posesión de una cierta **experiencia**. Evidentemente, se utilizará normalmente esta frase a propósito de alguien que ya no está en los Estados Unidos en el momento en que se habla; compárese con *Tom **has gone** to the post office* (Tom ha ido a la oficina de correos), que corresponde igualmente al uso de IR en español, pero expresa otro tipo de resultado (Tom ya no está aquí/Tom está en correos/ etc.).

La construcción **HAVE JUST + participio pasado**, utilizada sobre todo en inglés británico, permite expresar un **pasado reciente**: *I have just finished my work* (Acabo de terminar mi trabajo); en inglés americano, en este caso se utiliza a menudo la construcción **JUST + pretérito**: *I just finished my work*.

26. El present perfect: valor de duración

El acontecimiento, iniciado en el pasado, **dura hasta el momento presente**, o incluso se prolonga más allá del presente.

- *They **have lived** in Leeds for ten years.*
  Viven en Leeds desde hace diez años / Hace diez años que viven en Leeds.

Uso del presente en español; (➠ 13).
La indicación de duración puede hacerse de dos maneras:

- *SINCE* indica el **punto de partida** del período considerado:

- *They have lived in Leeds **since 1988/since the war**.*
  Viven en Leeds desde 1988/desde la guerra.

- *They have lived in Leeds **since John retired**.*
  Viven en Leeds desde que John se retiró.

En el último ejemplo, es **otro acontecimiento** (*John retired*) lo que indica el punto de partida del período considerado; fijarse en el uso del **pretérito** para este otro acontecimiento, que constituye un punto de referencia totalmente pasado.

- *FOR* indica la **duración** del período:
- *They have lived in Leeds **for ten years**.*
  Viven en Leeds desde hace diez años.

a. SINCE puede también equivaler a "puesto que": *Let´s stop, since you´re tired* (Paremos, puesto que estás cansado), y FOR puede también equivaler a "pues": *He stopped, for he was tired* (Ha parado, pues estaba cansado).
b. FOR no se utiliza solamente con el *present perfect*. Compárese:

- *They have lived in London for 10 years.*   *They lived in London for 10 years.*

Viven en Londres desde hace 10 años.   Vivieron en Londres durante 10 años.

Se observará que el valor de FOR es el mismo en los dos casos (indicación de una **duración**); sólo la forma verbal utilizada indica la diferencia de sentido de las dos frases.

27. El *past perfect*

El *past perfect* se forma con el auxiliar *HAVE* en **pretérito (*had*)**. Como todos los pretéritos tiene un valor de pasado, de modo que necesita estar asociado a un **punto de referencia situado en el pasado**. A partir de este punto de referencia, puede tener tres valores; los dos primeros son exactamente paralelos a los del *present perfect*, con un simple desfase hacia el pasado.

1. Valor de resultado

● *He couldn´t tell me the time. He **had lost** his watch.*
  Él no podía decirme la hora. Había perdido su reloj.

2. Valor de duración

● *When I met him, in 1990, he **had lived** in London for ten years.*
  Cuando lo encontré, en 1990, vivía en Londres desde hacía 10 años/hacía 10 años que vivía en Londres.

Nótese el uso del imperfecto en español.

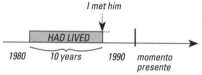

3. Valor de pasado en segundo grado

● *I met him in 1990. He **had arrived** in London ten years before.*
  Lo encontré en 1990. Había llegado a Londres diez años antes.

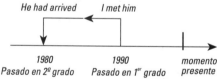

El *past perfect* expresa siempre una forma u otra de **pasado en relación con otro pasado**; dicho de otro modo, un **doble desfase** en relación al momento presente. Por tanto, para un pasado que está sólo en primer grado, hay que emplear simplemente el pretérito.

28. *BE + -ING* asociado a *HAVE* + participio pasado (He has been painting the door)

1. Valor de resultado

Las frases *He has painted the door* y *He has been painting the door* pueden ambas equivaler al español Él ha estado pintando la puerta, pero no son sinónimas. Comparemos:

- *Look, Tom **has painted** the door.*   Mira, Tom ha pintado la puerta.
  *Tom **has been painting** the door, that´s why there´s paint all over the place.*
  Tom ha estado pintando la puerta, por eso hay pintura por todas partes.

En la primera frase, el participio pasado es introducido por el verbo PAINT. Expresa un resultado que concierne al complemento *the door* (se trata de "La puerta está pintada"). Es este resultado lo que nos interesa.

En la segunda frase, el participio pasado es introducido por *BE*. La atención se desplaza hacia el **sujeto**; ya no interesa la puerta (no se dice si está completamente pintada o no), sino **la actividad de Tom** (se dice en qué ha consistido esta actividad: valor de **identificación** de BE + -ING).

Por lo tanto, se empleará esta forma si se pretende que la atención recaiga sobre **el origen** del resultado:

- *Somebody has been using my computer again!*
  ¡Alguien ha estado usando otra vez mi ordenador!

2. Valor de duración

Aquí también hay que elegir entre la forma con y la forma sin *BE + -ING*. Hay tres casos:

- **Las dos formas son posibles**, y la diferencia de sentido es poco importante:

- *He **has lived** / He **has been living** in London for several years.*
  Él vive en Londres desde hace varios años.

- **El uso de *BE + -ING* es obligatorio** (o preferible en la mayoría de contextos):

- *He **has been painting** the door since 12 o´clock.*
  Él pinta la puerta desde mediodía.

La forma *He has painted the door* haría recaer la atención sobre la puerta, diciendo que ahora está completamente pintada -lo que sería contradictorio con el sentido general de la frase.

- **El uso de *BE + -ING* es imposible** (atención sobre todo a este último caso):

- *He **has known** the Martins for several years.*
  Conoce a los Martin desde hace varios años.

Los casos de imposibilidad corresponden exactamente a los del **presente simple**: también sería imposible utilizar *BE + -ING* para *He **knows** the Martins* (➡ 20).

os modales (generalidades)

29. Los modales y la modalidad: definiciones

1. Hay 8 modales: los 5 modales principales (*CAN, MAY, MUST, WILL* y *SHALL*) y los 3 modales marginales (*NEED, DARE* y *OUGHT TO*). Desde el punto de vista de la **forma**, poseen las siguientes características:

- Son **auxiliares** [negación/interrogación sin DO (➡ 1)].

- No existen más que en **presente** y en **pretérito** (no tienen infinitivo, forma en -ING, etc.).

- Sólo pueden ser seguidos por una base verbal o por *BE/HAVE*; por lo tanto, es imposible que les siga un nombre o un pronombre ("Él lo puede" → *He can* o *He can do it*), tampoco es posible poner después TO (excepción: OUGHT TO).

- No tienen la terminación -*s* en la 3ª persona del singular del presente.

2. Desde el punto de vista del **sentido**, los modales se inscriben exactamente en el sistema de la **modalidad**, es decir en el dominio de lo **posible** y de lo **necesario**. (Por supuesto, lo posible y lo necesario pueden ser expresados también por otros medios -y sobre todo por las **expresiones de modalidad** *HAVE TO, BE ABLE TO*, etc.)

3. Modalidad y acontecimiento. Siempre que se emplea una forma modal, como por ejemplo en *Tom must stay here* (Tom debe quedarse aquí), hay dos elementos de sentido que es importante distinguir:

- la **modalidad**, que en el ejemplo es expresada por *must* y consiste en una **obligación**;

- el **acontecimiento**, que en el ejemplo corresponde a *Tom - stay here*. Es este elemento sobre el que recae la modalidad (aquí, obligación expresada por *must*).

30. Los modales y la negación

La negación *NOT* se coloca siempre **después del modal**. Desde el punto de vista del sentido, *NOT* puede incidir sobre la modalidad o sobre el acontecimiento; esto depende del modal utilizado, y a veces del contexto. La diferencia de sentido es siempre importante. Comparemos por ejemplo:

- *Tom **can´t** be at home.*   Tom no puede estar en su casa.
  *Tom **may not** be at home.*   Tom puede no estar en su casa.

En el primer caso, la negación recae sobre la modalidad "poder"; en el segundo, recae sobre el acontecimiento "Tom está en su casa".

31. Los modales y el pretérito

Como hemos visto (➡ 16-17), el pretérito puede tener dos valores (**pasado** y **no real**); cada uno de estos valores se subdivide en dos: **pasado = pasado propiamente dicho** o **pasado de estilo indirecto**, y **no real = irreal** o **no seguro**.

En la gramática de los modales, los usos del pretérito tienen las siguientes características:

1. El pretérito de los modales tiene a menudo un valor de **no real**:

- **Irreal**: *He **might** have broken his leg.* (Habría podido romperse la pierna). Se sobreentiende: "... pero no se ha roto la pierna".

- **No seguro**: *You **could** ask John.* (Podrías preguntar a John). Se sobreentiende: "... pero quizás no le preguntes"; utilización llamada de cortesía.

2. El pretérito de los modales **no puede**, en la mayor parte de los casos, ser empleado para expresar un **pasado propiamente dicho** (es decir, un pasado que no es de estilo indirecto). Imaginemos la frase *She may be at home now* (Puede que ella esté en su casa ahora). En esta frase, reemplacemos *now* por *yesterday*, a fin de situar el acontecimiento en el pasado. El cambio introducido en el grupo verbal no consistirá en el paso del presente al pretérito: tendremos *She may **have been** at home yesterday* (y no la sustitución de *may* por *might*).

Veremos sin embargo que hay algunos usos del pretérito de los modales para un pasado propiamente dicho (*She could play the piano at the age of live*); estos usos están bien definidos y limitados.

3. Por el contrario, el pretérito de los modales siempre puede ser utilizado para un **pasado de estilo indirecto**:

● *Tom said, ´She may be at home.´* (Enunciado narrado en estilo directo.)
→ *Tom said that she **might** be at home.* (Enunciado narrado en estilo **indirecto**; el uso del pretérito resulta de una "concordancia de los tiempos" con *said*.)

32. Los modales: dos particularidades esenciales

1. Los modales ingleses expresan siempre una forma u otra de **juicio** a propósito de un acontecimiento (por ejemplo, el acontecimiento es juzgado posible, imposible, etc.), pero no pueden expresar la **realización** de ese acontecimiento. Comparemos con el español. La frase "Él corrió y pudo coger el tren" contiene la información "cogió el tren". Esta frase no puede ser traducida en inglés por *He ran and he could catch his train*: será preciso decir *He ran and he **was able to** catch his train*. Por lo tanto, aquí no se podrá emplear un modal.

La proposición ... *and he could catch his train*, de hecho, equivaldría a "... y él podía coger su tren". Ella ilustra lo que se llama el carácter **virtual** de los modales ingleses: estos modales no pueden expresar la realización de un acontecimiento.

2. El juicio expresado por los modales puede revestir dos aspectos diferentes. Puede ser (o presentarse como) **objetivo**; se encuentra este tipo de juicio modal en, por ejemplo, *Tom can swim* (Tom sabe nadar). Por el contrario, puede tener un carácter **subjetivo**: expresará entonces **la opinión personal** o **la voluntad/el deseo** de la persona que habla. Así, *You may smoke* tiene el sentido de "**Yo le autorizo** a fumar", y expresa la "buena voluntad" de la persona que habla (*You can smoke*), (➡ 40).

En la **forma interrogativa**, la subjetividad (voluntad, deseo u opinión personal) es la de la **persona a quien se habla** -y no la de la persona que habla. Así, *May I smoke?* equivale a "**¿Usted me autoriza** a fumar?" Este principio se aplica a a todos los modales subjetivos (que, como veremos, son *MAY, MUST, SHALL y NEED*).

Como podremos constatar en los dos capítulos siguientes, la oposición "objetivo/subjetivo" explica las diferencias entre los modales de sentido parecido, sobre todo la diferencia entre *CAN* y *MAY* (los dos modales de "lo posible") y entre *WILL* y *SHALL* (los dos modales de "lo necesario"). También explica la diferencia entre *MUST* y *HAVE TO* (➡ 62).

*C*AN, MAY, MUST

33. *CAN:* formas y sentido de base

Presente: *can* (pronunciado /kæn/ o /kn/). Negación: *cannot*; forma contracta: *can´t*, pronunciado /kɑːnt/ en inglés británico, y /kænt/ en inglés americano.

Pretérito: *could*. Negación: *could not, couldn´t*.

Sentido de base: **posibilidad** (punto de vista **objetivo**, es decir, posibilidad vista como independiente de la voluntad o de la opinión de la persona que habla/que escribe).

34. CAN: posibilidad material, aptitud

- *Tom has the key, he **can** open the door.*
  Tom tiene la llave, puede abrir la puerta.
  *Nora **can** play the piano.*   Nora sabe tocar el piano.
  Nótese que se traduce por "saber".

1. Expresión del futuro, infinitivo, etc.: se utiliza *BE ABLE TO*.

- *He hasn´t got the key, he **won´t be able** to open the door.*
  Él no tiene la llave, no podrá abrir la puerta.
  *I´d like **to be able to** give you an answer.*

Quisiera poder darle una respuesta.

2. Forma *could* (= CAN + pretérito): pretérito con valor de **pasado**.

El uso de *could* **no es posible** para un **hecho particular efectivamente realizado**:

- Él consiguió la llave y pudo abrir la puerta.
  → He got the key and he **was able to** open the door.
  O también: ... and he **managed** to open the door.

El uso de *could* es posible, por el contrario, en todos los demás casos:

- I'm sure that he **could** open the door yesterday.
  Estoy seguro(a) de que él podía abrir la puerta ayer.

No se dice si la acción ha sido realizada o no.

- He didn't have the key and he **couldn't** open the door.
  Él no tenía la llave y no pudo abrir la puerta.

Hecho negativo, luego no realizado: permanece en el dominio de lo **virtual** (➡ 32).

- At the age of live, she **could** speak three languages.
  A los cinco años, ella sabía hablar tres lenguas.

Aptitud situada en el pasado; no se designa ningún acontecimiento particular.

Los verbos del tipo *SEE* (percepción) o *UNDERSTAND* (resultado de una actividad mental) pueden sin embargo ser utilizados con *could* para un hecho particular realizado.

- At last I **could see** / I **could understand** the difference.
  Por fin pude / Yo podía al fin ver / comprender la diferencia.

3. Forma *could*: pretérito con valor de **no real**.

- If only I **could** telephone her!
  ¡Si al menos pudiera telefonearle! (... pero no puedo; valor de **irreal**.)
  Do you think he **could** repair this type of engine?
  ¿Crees que él podría / sabría reparar este tipo de motor? (... si se le pidiera; valor de **no seguro**.)

Para expresar a la vez **el pasado** y **lo irreal**, se asocia *could* y *HAVE* + **participio pasado**:

- I think he **could have repaired** the engine.
  Creo que él habría podido reparar el motor. (... pero no lo ha reparado.)

35. CAN: posibilidad moral, autorización

- You **can** smoke in this room.   Puede usted / Se puede fumar en esta habitación.
  Can I borrow your pen?   ¿Puedo coger su bolígrafo?
  Ver en 46 la diferencia con *MAY* para expresar esta autorización.

La gramática de este uso es idéntica a la de *CAN* en cuanto a posibilidad material/aptitud, con esta simple diferencia: la forma de sustitución es **BE ALLOWED TO** (estar autorizado /a).

- *Will I be allowed to park in the drive?*
  ¿Podría aparcar en el paseo?
  On the last day he was allowed to use the phone.
  El último día ha podido utilizar el teléfono.

El uso de *could* es imposible para un hecho particular realizado.

Adviértase también el uso frecuente del **pretérito** (valor de no seguro) en las peticiones de autorización:

- *Could I use your phone?*   ¿Podría utilizar su teléfono?

36. *CAN:* valores directivos (sugerencia, petición, reproche)

- Sugerencia

- *I have a headache. ´´Well, you can / you could take an aspirin.*
  - Tengo dolor de cabeza. - Bueno, puedes / podrías tomar una aspirina.

- Petición

- *Can you/ Could you close the window?*   ¿Puedes / podrías cerrar la ventana?

- Reproche

- *You could say thank you.*   Podrías decir gracias.

El pretérito tiene aquí un valor de irreal: "Tú no dices gracias."

- *You could have told me.*   Habrías podido decírmelo.

HAVE + participio pasado sitúa el acontecimiento en el pasado.

37. *CAN:* característica ocasional

- *Ted can be very unkind.*
  Ted puede ser muy desagradable / Ted es a veces muy desagradable.
  Slide parties can be boring.   Las veladas con diapositivas pueden
                                       ser muy aburridas.

En estos contextos, hay que distinguir cuidadosamente entre el uso de *CAN* y el de *MAY* (➡ 41): *Ted may be very unkind* equivaldría a "Quizás Ted sea muy desagradable" (lo que implica: yo no lo conozco bien).
La expresión del pasado se realiza aquí con el **pretérito**:

- *Harold could be very unkind.*
  Harold podía ser / era a veces muy desagradable.

38. *CAN:* posibilidad lógica (sentido de "puede ser", "quizás...")

Como veremos, este uso está sometido a ciertas restricciones. De hecho, la posibilidad lógica es expresada esencialmente en inglés por *MAY* (➡ 41); y, cuando *CAN* expresa también una posibilidad lógica, su sentido permanece siempre bastante próximo al sentido de posibilidad material. Así, la frase *He **could** win the election* puede expresar una posibilidad lógica (Quizás él gane las elecciones); pero, si se deja aparte el uso del pretérito, no se aleja mucho del sentido de posibilidad material (*He **can** win the election*: Es capaz de ganar las elecciones).

CAN puede ser empleado con un valor de posibilidad lógica en el **pretérito** o en la **forma negativa/interrogativa**:

- *He **could** be at home.*   Podría ser que estuviera en su casa.
  *He **can't** be at home.*   No puede (logicamente) estar en su casa.
  ***Can** he / **Could** he be at home?*   ¿Puede / Podría estar en su casa?

Por el contrario, este uso es **imposible en el presente afirmativo**; la frase *He can be at home* no puede ser utilizada en el sentido de "Puede que esté en su casa". (Se dirá: *He may be at home.*) De hecho, la utilización de esta frase es poco probable: equivaldría, por ejemplo, a "Está autorizado a estar en su casa".

39. *MAY:* formas, sentido de base

Presente: *may*. Negación: *may not*.

Pretérito: *might* /maɪt/. Negación: *might not* (forma contracta: *mightn't*).

Sentido de base: **posibilidad**, considerada desde un punto de vista **subjetivo** (se expresa una voluntad, un deseo o una opinión personal).

40. *MAY:* permiso

MAY expresa aquí la voluntad (o más bien la "buena voluntad") de la persona que concede el permiso:

- *You **may** smoke.*   Puede usted fumar. (Yo le autorizo a fumar.)

En la **forma interrogativa** (➡ 32), la subjetividad es la de **la persona a la que se habla**: se pregunta a esa persona lo que ella desea, lo que quiere.

- ***May** I smoke?*   ¿Puedo fumar? (¿Usted me autoriza a fumar?)

Esto explica la diferencia entre *CAN* y *MAY* en cuanto a la expresión del permiso. (No se explica nada diciendo que *MAY* es más educado que *CAN*, o más culto; por otra parte, la primera afirmación sólo es verdad en la forma interrogativa.) La frase *Can I smoke?* equivale de hecho a "¿Estoy autorizado a fumar?" Dicho de otra manera, no solicita de forma directa el permiso del interlocutor.

Advertir que en la forma declarativa (afirmativa o negativa) es *uno mismo* quien se coloca en posición de autoridad cuando se utiliza *MAY*: *You may smoke / You may not smoke* equivalen a "Le autorizo a fumar / Le prohibo fumar". *MAY* no es por tanto, en este caso, la forma más cortés.

El pretérito (*might*) puede ser utilizado con un **pasado de estilo indirecto** (*He asked if he might smoke*), pero no para un pasado propiamente dicho; este último necesita del uso de *could* o de *was/were allowed to* (➡ 35).

41. *MAY:* posibilidad lógica (sentido de "puede ser", "quizás..."

- *He may be at home.* Puede estar en su casa /
  Puede que esté en su casa.

Se expresa aquí una opinión personal sobre el **grado de probabilidad** de un acontecimiento: a continuación de una especie de cálculo, se estima que este acontecimiento es lógicamente posible.

1. En la **forma negativa** hay que prestar atención **al alcance de la negación**:

- *He may not be at home = He may [not be at home].*
  Él **puede no** estar en su casa.

Como se ve, la negación recae sobre **al acontecimiento** (sobre "estar en su casa"). Por lo tanto hay una diferencia importante con el *CAN* de posibilidad lógica:

- *He may not be at home = He may [not be at home].*
  Él **puede no** estar en su casa.
  He cannot be at home = He cannot [be at home].
  Él **no puede** estar en su casa.

2. Se puede emplear el **pretérito** (*might*) para un **pasado de estilo indirecto** (*He said Tom might be at home*); pero, para un **pasado propiamente dicho**, se utiliza *HAVE* + **participio pasado**.

- *He may have been at home yesterday.*
  Él podía (lógicamente) estar en su casa ayer / Quizás estaba en su casa ayer.

3. El **pretérito** (*might*) puede tener un valor **de no real**:

- *He might be at home.* Pudiera ser que él esté en su casa.

El pretérito vuelve a añadir una duda; expresa aquí lo **no seguro**.

- *You might have broken your leg.* Te habrías podido romper una pierna.
  (valor de **irreal**)

42. *MAY:* usos marginales

1. Concesión (= Te concedo que...)

- *He may be young, but he knows his job.* Quizás es joven, pero conoce su oficio.

2. Sugerencia, reproche

- *You might ask Nora.* Quizás podrías preguntarle a Nora.
  (sugerencia con dudas)

*You **might** have asked me.*   Habrías podido preguntármelo. (reproche)

43. *MUST:* formas y sentido de base

Presente: *must* (pronunciado /mʌst/, /məst/ o /məs/). **Negación**: *must not* (forma contracta: *mustn´t*). No tiene **pretérito**.

Sentido de base: **necesidad casi absoluta** (punto de vista **subjetivo**). En **62** veremos la oposición con HAVE TO, que expresa una necesidad vista como *objetiva*.

44. *MUST:* obligación

● *You **must** listen to him.*   Debes escucharle / Es preciso que le escuches.

La subjetividad de la persona que habla es mayor o menor según el contexto; puede tratarse de una voluntad fuerte o de un simple aviso:

● *You must do as I say!*   ¡Debes hacer lo que yo digo!
You must hurry if you don´t want to be late.
Debes darte prisa si no quieres llegar tarde.

En la **forma negativa** nos encontramos cerca de la prohibición (lo que muestra la relación poder/deber):

● *They **mustn´t** stay here.*   Ellos no deben quedarse aquí.

En la **forma interrogativa**, la subjetividad es (como con todos los modales subjetivos) la del **interlocutor**: se pregunta al interlocutor cuál es su voluntad, o al menos su opinión personal.

● ***Must** I wait here?*   ¿Debo esperar aquí? / ¿Es preciso que espere aquí?

MUST, como hemos visto, carece de pretérito. Para la expresión de un **pasado de estilo indirecto**, se utiliza simplemente el presente:

● *She said, ´He **must** stay here.´*
Ella ha dicho: "Él debe quedarse aquí."
→ *She said that he **must** stay here.*
Ella ha dicho que él **debía** quedarse aquí.

Para la expresión de un **pasado propiamente dicho**, el uso de *MUST* es imposible. (La explicación es simple: la voluntad o la opinión del que habla no pueden influir sobre los acontecimientos pasados.) En cambio se puede emplear ***had to*** si que quiere expresar una obligación pasada que ha sido simplemente constatada: *He had to stay* = Se tuvo que quedar/Fue obligado a quedarse (➡ 62).

45. *MUST:* alta probabilidad

● *He **must** be at home.*   Debe de estar en su casa.

Aquí (como con el MAY de posibilidad lógica), la subjetividad adopta la forma de una estimación sobre un **grado de probabilidad**.

Sentido de base	Usos	Acontecimiento presente o futuro	Acontecimiento pasado
CAN (*can/could*) Posibilidad presentada como objetiva	Posibilidad material, aptitud	*He **can** drive you there, he's got a car.* Él puede llevarte, tiene un coche. *He **can** drive.* Él sabe conducir. Futuro: *He'll be able to drive you there.*	Acontecimiento particular realizado: *He **was able to** open the door.* Pudo abrir la puerta. Otros casos: *He **could** open the door.* Él podía abrir la puerta.
	Permiso	*You **can** smoke.* **Can** I/**Could** I use your telephone? ¿Puedo/Podría telefonear?	Acontecimiento particular realizado: *As it was urgent, I **was allowed to** use the phone.* Otros casos: **could** possible (ver más arriba).
	Sugerencia, etc.	Sugerencia: *You **can/could** ask him.* Pregunta: **Can/Could** I have some tea?	Reproche: *You **could have** asked him!* ¡Habrías podido preguntarle!
	Característica	*He **can** be unkind.* Él es a veces desagradable.	*Sigisbert **could** be unkind.*
	Posibilidad lógica ("puede ser")	*He **could** be at home.* Podría ser que estuviera en su casa. *He **can't** be at home.* Él no puede (lógicamente) estar en su casa. **Can** es imposible en la forma afirmativa.	*He **can't have been** at home yesterday.* Él no podía (lógicamente) estar en su casa ayer.
MAY (*may/might*) Posibilidad subjetiva (deseo, opinión personal)	Permiso	*You **may**/You **may not** smoke.* Le autorizo a/prohíbo fumar. **May** I smoke? ¿Me autoriza a fumar?	
	Posibilidad lógica ("puede ser")	*He **may/might** be at home.* Puede/Pudiera ser que esté en su casa. *He **may not** be at home.* Él puede no estar en su casa.	*He **may have been** at home yesterday.* Él podía (lógicamente) estar en su casa ayer. *He **might have been** there.* Él hubiera podido estar allí.
	Usos marginales	Concesión: *He **may** be old but he's strong.* Sugerencia dubitativa: *You **might** ask him.* Podrías preguntarle a él.	*He **may have been** old but he was strong.* Reproche: *You **might have** asked him.*
MUST Necesidad casi absoluta, subjetiva (deseo, opinión personal)	Obligación	*You **must**/You **mustn't** stay here.* Usted debe/no debe quedarse aquí.	
	Alta probabilidad	*He **must** be at home.* Él debe de estar en su casa. (En inglés británico, "Él no debe de estar en su casa" → *He **can't** be at home.*)	*He **must have been** at home yesterday.* Él debía (lógicamente) estar en su casa ayer.

No obstante, atención: se trata de una alta probabilidad; no confundir con *He may be at home* (Él puede estar en su casa / Puede que él esté en su casa), que expresa un grado de probabilidad más débil.

Para expresar una probabilidad alta de un **hecho negativo** (por ejemplo: Él no debe de estar en su casa), el inglés británico utiliza generalmente *cannot*, y no *must not*: *He **can't** be at home at this time of day* (Él no debe de / No puede estar en su casa a esta hora).

Para situar el acontecimiento en el **pasado**, se utiliza **HAVE + participio pasado** (lo que es por otra parte regla general con los modales que expresan un grado de probabilidad):

● *He **must have been** at home yesterday.*
  Él debía de estar en su casa ayer.

WILL y SHALL

46. *WILL:* formas, sentido de base

Presente: *will*; forma contracta: *'ll*. Negación: *will not*; forma contracta: *won't*, pronunciado /wəʊnt/.

Pretérito: *would*; forma contracta: *'d*. Negación: *would not*; forma contracta: *wouldn't*.

Sentido de base: expresión de una **consecuencia necesaria**. El origen de esta consecuencia puede ser una **voluntad**:

● *Ted **won't** listen to what we tell him.*
  Ted no quiere escuchar lo que le decimos.

o un **conjunto de hechos** a partir de los cuales se deduce lógicamente la consecuencia:

● *There's a knock at the door, it'll be Tom.*
  Llaman a la puerta, seguro que es Tom.

La consecuencia está presente como **objetiva**; (➡ 53) oposición con *SHALL*.

47. *WILL:* voluntad (sin idea de futuro)

Este WILL sólo se emplea en dos tipos de contextos. Como se verá, se trata de contextos **virtuales** (➡ 32).

1. Contextos negativos (expresión de un **rechazo**)

- *She´s angry because he **won´t** answer her questions.*
  Ella está enfadada porque él no quiere contestar a sus preguntas.
  Adviértase el sentido **presente** de *WILL* en este contexto.

El uso de *WILL* con este valor es **imposible en contextos positivos**; se utilizará necesariamente otra forma (por ejemplo: *BE WILLING TO*) para traducir "Ella está contenta porque él quiere contestar a sus preguntas": *She´s glad because he´s willing to answer her questions.*
Para expresar el pasado, se utiliza aquí el **pretérito**:

- *She was angry because he **wouldn´t** answer her questions.*
  Ella estaba enfadada porque él no quería contestar a sus preguntas.

2. Subordinadas de condición (introducidas por IF = si, UNLESS = a menos que...)

- *If you´ll follow me I´ll show you the way.*
  Si quiere seguirme voy a enseñarle el camino.

48. *WILL:* futuro

El futuro expresado por WILL puede basarse en una **predicción** (dicho de otro modo, en una deducción hecha a partir de los hechos observados), o en una **voluntad** (aceptación, decisión, etc.):

- *I think they´ll win the match.*   Creo que ellos ganarán el partido.
  (Predicción)
  Since you can´t manage in, I´ll help you.
  Puesto que tú no puedes sola/no te las arreglas/no lo consigues, voy a ayudarte.   **(Voluntad)**
  ***Will** you call me back later, please?*
  ¿Quisiera volver a llamarme más tarde, por favor?   **(Voluntad)**
  I think he´ll tell them.
  Creo que él se lo dirá a ellos / que va a decírselo.
  (Asociación de los dos valores)

Como puede verse, el mejor equivalente español de este WILL no siempre es el futuro: en ciertos casos es mejor traducir por "querer", y en otros por "ir a".

Si la realización de la acción depende de la voluntad del sujeto (por ejemplo con un verbo como *help*), lo más probable en numerosos contextos será el valor de voluntad. Sin embargo, añadiendo *BE + -ING* se puede resaltar el valor de predicción. Comparese:

- *Will you **telephone** Ken tomorrow?*   ¿Quieres telefonear a Ken mañana?
  *Will you **be telephoning** Ken tomorrow?*   ¿Llamarás a Ken mañana?

La primera frase será entendida como una **petición**. La segunda será entendida como una **demanda de información** (siendo utilizado *BE + -ING* para **identificar** el acontecimiento).

El **pretérito** (*would*) puede ser utilizado con un valor de **pasado de estilo indirecto**:

- *She thought that they **would** win the match. (She thought, ´They **will** win the match.´*
  Ella pensaba que ganarían el partido.

49. *WILL:* certeza (sin idea de futuro)

- *The phone´s ringing. It´ll be Betty.*
  Suena el teléfono. Seguro que es Betty.
  Tom´s late, He´ll have missed his train.
  Tom se retrasa. Habrá perdido su tren.

Nótese el uso de *HAVE* + part. pasado para situar el acontecimiento en el pasado.

En los mismos contextos se podría utilizar igualmente *MUST* (*It must be the postman, He must have missed his train*); *MUST* expresaría siempre un grado de probabilidad ligeramente más débil. (Del mismo modo, en español, "Él ha debido de perder su tren" es ligeramente más débil que "Él habrá perdido su tren".)

50. *Would:* condicional

Para comprender el funcionamiento de *would* con valor condicional, hay que observar su relación con el *will* de futuro, en frases como:

- *If Tom **has** the money, he **will** buy tha car.*
  Si Tom tiene bastante dinero, comprará el coche.
  *If Tom **had** the money, he **would** buy the car.*
  Si Tom tuviese bastante dinero, compraría el coche.

Entre las dos frases hay una diferencia de forma extremadamente simple: en la primera, los dos grupos verbales están en **presente** (*has* y *will* buy), mientras que en la segunda están en **pretérito** (*had* y *would* buy; recuerden: *would* = WILL + pretérito).

Desde el punto de vista del sentido, la relación también es muy simple. Las dos frases tienen en común la expresión de una hipótesis y de su consecuencia: "Tom tiene dinero → Él compra el coche". En la primera frase no se dice si la hipótesis corresponde o no a la realidad (no se dice si Tom tiene/tendrá bastante dinero). La segunda frase, en cambio, implica que la hipótesis no es conforme a la realidad. Según el contexto, la hipótesis puede ser "totalmente contraria a la realidad" (*If Tom had the money now [**but he does not have it**] he would buy the car*), o "más bien contrario a la realidad" (*If Tom had the money next month [**but probably he will not have it**] he would buy the car*). Evidentemente es el pretérito lo que expresa esta implicación: estamos ante un valor de **no real** -es decir de irreal o de no probable. Se ve pues que *would* de condicional es, simplemente, un *will* de futuro al cual se ha añadido un **pretérito** con valor de **no real**.

Para situar el acontecimiento en el **pasado** se utiliza *HAVE* + **participio pasado** (que se emplea igualmente en la subordinada de condición):

- *If he **had had** the money, he **would have bought** the car.*
  Si él hubiera tenido dinero, habría comprado el coche.

Tenemos aquí un valor **irreal**: la frase implica: "Él no tenía dinero, no compró el coche"

51. *WILL:* característica

1. Forma *will*

- *Ice **will** melt at 0 degree and above.*
  El hielo se funde a 0 grados o más.

  He 'll sit there for hours doing nothing.
  Se queda / Se quedará ahí sentado durante horas sin hacer nada.

Estos usos pueden ser descritos como la expresión de un **comportamiento previsible**; este comportamiento previsible es la consecuencia de ciertas características del sujeto (por ejemplo, en la segunda frase, de su pereza), y también a veces de ciertas condiciones ("Si se somete el hielo a una temperatura de al menos 0 grados, se funde").

No es preciso, pues, utilizar *will* para expresar una simple costumbre: la frase "Él se levanta todas las mañanas a las 7" podrá traducirse por *He gets up at 7 every morning*, pero no por *He 'll get up at 7 every morning* (lo que sería interpretado en un sentido futuro).

2. Forma *would*

El pretérito tiene aquí un valor de pasado de narración (lo que es raro con los modales). Más a menudo, este uso corresponde simplemente a un desfase hacia el pasado de un *will* de característica:

- *He 'd sit there for hours doing nothing.*
  Se quedaba ahí sentado durante horas sin hacer nada.

En otros casos, se está cerca de la expresión pura y simple de una costumbre:

- *Every morning, he 'd get up at 7, then he 'd make himself a cup of tea...*
  Todas las mañanas se levantaba a las 7, luego se hacía una taza de té...

Este uso es frecuente en los cuentos; presenta los acontecimientos como **característicos de un período o de una situación pasados.**

52. *Will* y *Would* acentuados: usos particulares

En estos usos, la acentuación no es siempre visible en la lengua escrita (para un anglófono, por supuesto que sí), pero en la lengua hablada siempre está marcada de forma clara. A menudo, varios valores de *WILL* se encuentran asociados (en particular, comportamiento previsible y voluntad a la cual se atribuye implícitamente un carácter desatinado):

- *He WILL leave that door open!*
  ¡Siempre tiene que dejar la puerta abierta!

'Ted disagrees."He would!"
-Ted no está de acuerdo. -¡Era de esperar! / ¡No me sorprende en él!

53. *SHALL:* formas y sentido de base

Presente: *shall,* pronunciado /ʃæ/ o /ʃəl/. Negación: *shall not*; forma contracta: *shan't,* /ʃɑ:nt/.

Pretérito: *should,* /ʃʊd/ o /ʃəd/. Negación: *should not*; forma contracta: *shouldn't.*

Sentido de base: consecuencia necesaria (punto de vista **subjetivo**: se expresa una voluntad, un deseo o una opinión personal).

54. *SHALL:* futuro

1. Con un sujeto en **primera persona**, pronunciación /ʃəl/: expresión de un futuro relativamente neutro, en un nivel de lengua culta . (En la lengua corriente, se prefiere generalmente *will* o *'ll.*)

- *I shall/We shall know the answer soon.*
  Yo conoceré/Nosotros conoceremos pronto la respuesta.

2. Con un sujeto en **primera persona, forma interrogativa**: expresión de un ofrecimiento. La subjetividad (aquí la voluntad o el deseo) es del interlocutor:

- ***Shall** I close the window?*   ¿Quiere que cierre la ventana?

3. Con un sujeto en 1ª/2ª/3ª persona, pronunciación /ʃæl/: **diversas formas de compromiso** (nivel muy elevado o solemne).

- *You **shall** know the answer tomorrow.*
  Conocerán la respuesta mañana, me comprometo a ello.
  *We **shall** overcome!* ¡Venceremos! (Determinación, compromiso solemne)

55. *Should:* condicional

Este uso no es posible más que con un **sujeto en primera persona**. Fuera de las construcciones con los verbos de tipo THINK (ver a continuación), es de un nivel elevado.

- *I **should** be grateful if you would answer muy question.*
  Le quedaría muy reconocido si quisiera contestar a mi pregunta.

Con los verbos de opinión o de apreciación (THINK, IMAGINE, HOPE, etc.), se utiliza *should* como forma de atenuación: la pronunciación es siempre /ʃəd/.

- *I **should** think you're right.*   Pienso / Supongo que tiene razón.

56. *Should:* obligación o probabilidad atenuadas

- *You **should** be ashamed of yourself.* Debería darle vergüenza. (Obligación)
  *You **should** tell her about it.* Usted debería hablarle de ello. (Obligación)

*He **should** be home by now.*   Él debería estar en su casa ahora.
(Probabilidad)

Aquí, el pretérito tiene evidentemente un valor no de pasado, sino de **no real** (irreal o no seguro según los casos). El pasado está expresado con *HAVE* **+ part. pasado**:

- *You **should have told** her about it.*
  Usted hubiera debido hablarle de ello.
  *He **should have been** at home yesterday.*
  Él hubiera debido estar en su casa ayer.

57. *Should:* usos emparentados con el subjuntivo

1. En contextos directivos (es decir, después de los verbos/adjetivos/nombres que contienen una **idea de voluntad**):

- *She **suggested that he should** leave early.*
  Ella sugirió que él saliera temprano.
  *It´s **important that he should** leave early.*
  Es importante que él salga temprano.
  *I disapprove of his **decision that we should** wait.*
  Yo no apruebo su decisión de hacernos esperar.

También es posible, en estos contextos, emplear el **subjuntivo** [*She suggested that he **leave** early*, etc. (➡ 69)].

2. En contextos apreciativos (después *It´s surprising that/normal that/*, etc.)

- *It´s **surprising that he should** like the show.*
  Es sorprendente que le guste este espectáculo.
  *It´s only **normal that she should** have a rest.*
  Es totalmente normal que ella descanse.

En estos contextos, sería **imposible emplear el subjuntivo**. En cambio se podría, en la mayor parte de los casos, emplear el indicativo sin *should*: *It´s surprising that he likes the show.*

En las subordinadas de condición, existe un uso de *should* con un valor muy parecido (sentido de "contrariamente a toda lógica"):

- *If it **should rain**, we would call off the picnic.*
  En el caso de que lloviera, anularíamos la merienda. (Poco probable)

58. Imposibilidad de emplear *WILL/SHALL* en ciertas subordinadas para expresar el futuro

Los dos casos más corrientes son las **subordinadas de condición** (para las que hay una regla idéntica en español) y las **subordinadas de tiempo**; en estas subordinadas, se utiliza en inglés el **presente** (y no *WILL/SHALL*) para los acontecimientos situados en el futuro:

- *I'll ask Liz if I **see** her/when I **see** her.*
  Le preguntaré a Liz si la **veo**/cuando la **vea**.

Sentido de base	Usos	Acontecimiento presente o futuro	Acontecimiento pasado
WILL (*will/would*) Consecuencia necesaria (presentada como objetiva)	Voluntad (sin idea de futuro)	Con negación: *He **won't** listen.* Él no quiere escuchar. Después de *if*: *If you'**ll** listen to me...* Si usted quiere escucharme...	*He **wouldn't** listen.* Él no quería/no quiso escuchar.
	Futuro (predicción/voluntad)	*We'**ll** know the answer tomorrow.* Conoceremos la respuesta mañana. *OK, I'**ll** ask him.* De acuerdo, voy a preguntarle.	
	Certeza (sin idea de futuro)	*He'**ll** be home by now.* Seguro que ha vuelto /Habrá vuelto a esta hora.	*He's late, he'**ll have missed** the train.* Llega tarde, habrá perdido el tren.
	(*would*) Condicional	*If he was here I'**d** ask him.* Si estuviera aquí, le preguntaría.	*If he'**d** been there I'**d have asked** him.* Si hubiera estado aquí, yo le habría preguntado.
	Característica	*He'**ll** listen to that music for hours.* Él escucha/escuchará esta música durante horas.	*He'**d** get up at six every morning.* Él se levantaba a las seis todas las mañanas.
	(*will/would* acentuados)	*That machine **will** go wrong when I'm using it!* ¡Esta máquina siempre tiene que estropearse, cuando la uso/cuando la estoy usando!	*He **would** give you that answer!* ¡Es muy suyo darte esa respuesta!
	Futuro	*We **shall** know the answer tomorrow.* *Shall I open the window?* ¿Quiere que abra la ventana?	
SHALL (*shall/should*) Consecuencia necesaria (punto de vista subjetivo: deseo u opinión personal)	(*should*) Condicional	*I **should** appreciate a prompt answer.* Agradecería una respuesta rápida.	*I **should have** appreciated a prompt answer.* (Uso raro)
	(*should*) Obligación/probabilidad atenuadas	*You **should** give up smoking.* Deberías dejar de fumar. *He **should** be home by now.* Debería haber llegado a su casa ahora.	*You **should have** given up smoking.* Habrías debido dejar de fumar. *He **should have been** home by then.* Él hubiera debido llegar a su casa a esta hora.
	(*should*) Valores de subjuntivo	*She suggested that he **should** stay.* Ella sugirió que él se quedara. *It's surprising that he **should** stay.* Es sorprendente que él se quede.	*It's surprising that he **should have stayed**.* Es sorprendente que se haya quedado.

42

De hecho, esta regla se aplica, en general, a todas las subordinadas que contienen en la proposición principal una forma de **condición** (por ejemplo: "*I see Liz* → *I ask her*". (➡ 164) Para los demás casos, dos ejemplos:

- *I´ll do what I **like**. (= If I like to do something, I´ll do it.)*
  Haré lo que me **plazca**.

  *The more you **wait** the more difficult it will be. (If you wait longer, it will be more difficult.)*
  Cuanto más **esperes** más difícil será.

Cuidado, en ciertos casos, con el uso obligatorio del perfecto:

- Les enseñaré la carta cuando él **se haya ido**.→ *I´ll show you the letter when he **has left**.*
  (... when he leaves equivaldría a "... cuando se vaya".)

Cuidado también con las reglas de concordancia de los tiempos: para un **estilo indirecto pasado**, el presente inglés se transforma en un **pretérito**:

- *He´ll telephone when he **gets** here.* → *He **said** he would telephone when he **got** there.*
  Telefoneará cuando llegue. → Dijo que llamaría cuando llegara.

Modales marginales, expresiones de modalidad

59. OUGHT TO

El modal *OUGHT* presenta dos particularidades. Por una parte, está seguido de *TO*: *You ought to go* (Usted debería irse). Por otra parte, no posee presente; la forma ***ought*** (negación: ***ought not***, ***oughtn´t***) es un **pretérito**; este pretérito siempre tiene un valor de no real (nunca tiene un valor de pasado).

OUGHT expresa una **necesidad atenuada** (la atenuación está relacionada con el uso del pretérito), presentada como **objetiva**. Sus usos se dividen en dos categorías: **obligación** y **probabilidad**.

- *You ought to tell him the truth.* Deberías decirle la verdad.
  (Obligación atenuada)

  The fog ought to clear up soon. La niebla debería levantarse pronto.
  (Probabilidad atenuada)

Hay muy poca diferencia de sentido en relación a *should* (➞ 56); simplemente, el carácter objetivo de OUGHT puede presentar la obligación o la probabilidad como ligeramente más fuertes.

60. El modal *NEED*

1. Forma

Hay que distinguir:

- el **modal *NEED*** (negación e interrogación sin DO, sin -s en la 3ª pers. del singular, construcción sin TO: *He **needn´t** go / **Need** he go?*);

- el **verbo *NEED*** (negación e interrogación con DO, -s en la 3ª pers. del singular, construcción con TO: *He **doesn´t need to** go / **Does** he **need to** go? / He **needs to** go*).

El **modal *NEED*** tiene solamente un **presente**; *need* (negación ***need not**, **needn´t***).

No puede ser utilizado en **contextos que contengan una idea de negación o de duda**.

La idea de negación puede estar contenida en una palabra restrictiva como *only*: *He need only ask us* (Le basta con preguntarnos).

2. Sentido de base del modal *NEED*

Necesidad negada o puesta en duda (de ahí los usos en contextos negativos, interrogativos, etc.), punto de vista **subjetivo**.

3. Usos

El modal NEED puede expresar una necesidad lógica, como en *There needn´t be an error* (No hay necesariamente un error), pero en la mayor parte de los casos expresa una **obligación** (negada o puesta en duda):

● *You **needn´t** tell him.*	Usted no necesita decírselo. (Deseo/opinión personal del emisor.)
Need I tell him?	¿Es necesario que se lo diga? (Se pide al interlocutor que exprese su deseo/su opinión personal.)

4. En la **forma negativa** interesa distinguir:

● *You **needn´t** stay.*	No necesitas quedarte.
*You **mustn´t** stay.*	No debes quedarte.

5. La forma *HAVE* + **part. pasado** situa el acontecimiento en el pasado, pero además implica que el acontecimiento ha sido realizado (a pesar de la ausencia de obligación). Comparese sobre este extremo el **modal** y el **verbo** *NEED*:

● *He **needn´t have come**.*	No necesitaba venir (... pero ha venido).
*He **didn´t need to come**.*	No tuvo necesidad de venir (y no ha venido).

61. El modal *DARE*

Como para NEED, existen un **modal** y un **verbo**, pero sin diferencia de sentido:

- *He **daren't** speak/He **doesn't dare to** speak.*
  Él no se atreve a hablar.

El modal (relativamente poco empleado) posee solamente un **presente** (*dare*, negación ***dare not**, **daren't***). Como *NEED*, no puede ser utilizado más que en contextos que contengan una idea de negación o de duda.

62. *HAVE TO*

1. Forma

En *HAVE TO*, el elemento *HAVE* tiene las prioridades sintácticas habituales (⇒ 8); siempre puede funcionar como un **verbo**:

- *He **has** to stay.*   Es preciso que él se quede.
- → *He **doesn't have** to stay.*   Él no está obligado a quedarse.

2. Sentido de base

Necesidad vista de manera **objetiva**. [HAVE TO se opone en este último punto a MUST (⇒ 43)].

3. Valor de obligación

- *He **has to** get up at six every morning.*
  Tiene que levantarse a las seis todas las mañanas.

  *He **had to** get up at six yesterday.*
  Tuvo que levantarse ayer a las seis.

En estos dos ejemplos se constata la existencia de una obligación; la obligación es pues independiente de quien habla; *MUST* sería imposible.

- *He **will have to** get up at six tomorrow.*   Tendrá que levantarse mañana a las seis.

  *He **has to** / He's **got to** get up at six tomorrow.*
  Tiene que levantarse mañana a las seis.

Cuidado con el **alcance de la negación**. Comparar:

- *He **doesn't have to** / He **hasn't got to** stay.*
  No es necesario que él se quede.

  *He **mustn't** stay.*   Él no debe quedarse.
                       (Es necesario que él no se quede.)

4. Valor de necesidad lógica

- *You **have to** be joking!*   ¡No es posible, bromeas!

63. *BE + TO*

Forma: como los modales, *BE + TO* sólo existe en **presente** y en **pretérito**. (Así pues, *BE* nunca está aquí bajo la forma *be* o *to be*.)

- *You **are to** stay here.* Tú debes quedarte aquí.
  *He **was to** die two days later.* Él debía morir dos días más tarde.

Sentido: *BE* + *TO* expresa simplemente el carácter **previsible** del acontecimiento (o, en la forma negativa, la no realización del acontecimiento). Este carácter previsible puede estar relacionado con factores diversos, y, según el contexto, *BE* + *TO* puede adoptar diversos valores.

Ciertos usos, sobre todo el **1** y el **2**, pueden pertenecer a un estilo más bien culto.

1. Obligación

- *You **are not to** tell him.* No debes decírselo.

2. Acción programada

- *The Prime Minister **is to** visit Japan.* El Primer Ministro debe ir a Japón.
  (En los titulares de los periódicos: PM to visit Japan.)

Para la expresión del pasado, hay que fijarse en la función especial de HAVE + part. pasado; si está añadido al pretérito, expresa algo **irreal**. Comparar:

- *They **were to go** to Italy.* Ellos debían ir a Italia.
  (No se dice si han ido.)

  *They **were to have gone** to Italy.* Ellos debían ir a Italia/ Debían haber ido a Italia. (Pero no han ido.)

3. Posibilidad (en construcciones pasivas)

- *The book **was nowhere to be found**.*
  No se encontraba/No se pudo encontrar el libro en ninguna parte.

4. Predicción "después de ocurrido"

- *It was a major discovery, which **was to** revolutionize biotechnology.*
  Fue un gran descubrimiento, que había de revolucionar la biotecnología.
  (que estaba destinado a revolucionar...)

5. Suposición (en las subordinadas con IF...)

- *If you are to be on time, you´d better hurry.*
  Si quieres estar a la hora, es preciso que te des prisa.

64. *BE GOING TO*

La forma indica claramente el sentido: *BE GOING TO* expresa (de forma imaginaria, por supuesto) un **movimiento** (*GO*) **ya en curso** (*-ING*) **hacia la realización de un acontecimiento** (*TO* + base verbal). El origen del movimiento puede ser:

- Un **conjunto de circunstancias** ya existentes:

- *Look at those clouds. It´s **going to rain**.*
  Mira esas nubes. Va a llover.

- Una **intención** [también ya existente (➡ 48) oposición con WILL]:

● *My little brother is going to be a football player when he grows up.*
Mi hermano pequeño será futbolista cuando sea mayor.

Este último ejemplo muestra que es falso describir BE GOING TO como un futuro próximo. Atención: la equivalencia con el español IR + infinitivo sólo es parcial.

65. *WOULD RATHER* (expresión de una preferencia)

La expresión *WOULD RATHER* es invariable. El auxiliar *would* a menudo queda contracto en *'d*: *I'd rather stay* (Yo preferiría quedarme); es un pretérito que, en esta expresión, tiene siempre un valor de **no real** (y no un valor de pasado). Existen dos construcciones.

1. *WOULD RATHER* (+ *NOT*) + base verbal

● *I'd rather stay. / Would you rather stay?*
Yo preferiría quedarme / ¿Preferiríais quedaros?
I'd rather not stay.   Yo preferiría no quedarme.

2. WOULD RATHER + GN sujeto + GV en pretérito

● *I'd rather he stayed here.*   Yo preferiría que él se quedara aquí.

66. *HAD BETTER* (expresión de un consejo)

El auxiliar es aquí *had*, pero también queda frecuentemente contracto en *'d*:

● *You'd better stay here.*   Harías mejor quedándote aquí.

No se debe confundir con la expresión precedente; recordar: *you* **had** *better* (harías mejor), pero *I* **would** *rather* (yo preferiría). En *HAD BETTER*, el pretérito (*had*) tiene un valor de no real (y no de pasado). Sólo hay una construcción con *HAD BETTER* + **base verbal**:

● *We'd better (not) leave at once.*   Haríamos mejor (no) saliendo en seguida.
Hadn't you better ask him?   ¿No harías mejor preguntándole?

Existen expresiones de sentido parecido, formadas también con *BETTER*; pero **cuidado con las diferencias de forma**:

● *You'd do better to stay.*   Harías mejor quedándote.
You'd have done better to stay.   Habrás hecho mejor quedándote.

67. *BE BOUND TO, BE SURE TO, BE LIKELY TO* (expresión de un grado de probabilidad)

● *That child is sure to fall!*   ¡Ese niño se va a caer, seguro!

Como puede verse, sólo aparentemente el adjetivo *sure* (= seguro) se aplica al sujeto *That child*: expresa la certeza **de la persona que habla** (y no la del niño). De la misma manera, en *BE BOUND TO* y *BE LIKELY TO*, los adjetivos *BOUND* y *LIKELY* expresan el grado de certeza de la persona que habla (y no del sujeto sintáctico):

- *They´re **bound to** like the film.*
  Es absolutamente seguro que les gustará la película.

  *She **is likely** to win the match.*
  Es probable que ella gane el partido.

68. *USED TO (+ V)* y *BE USED TO (+ V-ING)*

No hay que confundir estas dos expresiones, que se diferencian en la forma y en el sentido. Desde el punto de vista de la forma, sólo tienen en común la utilización del elemento *USED TO*, pronunciado /ˈjuːst/. Notese la diferencia con el verbo *USE* (usar), en el cual la *s* se pronuncia /z/.

1. *USED TO* + base verbal

Forma: es un **verbo** (y no un auxiliar), puesto que su forma interrogativa y negativa se construye con *did*: *He used to smoke* (Antes él fumaba) → *Did he use to smoke?* **Sólo existe en pretérito simple** (no tiene presente, infinitivo, etc.).

Sentido: el verbo *USED TO* expresa simplemente el hecho de que un acontecimiento o una serie de acontecimientos **han sucedido en el pasado**. (Por tanto, no expresa necesariamente una costumbre.)

- *She **used to live** in London.*   Ella vivía/ha vivió en Londres hace tiempo.

  *There **used to be** a pub there.*   Antes había un pub ahí.

Contiene implícitamente una referencia temporal que equivale, a grandes rasgos, a *formerly* (antiguamente); en esto último se diferencia del pretérito, que no puede prescindir de una referencia en el tiempo. En función del contexto, *USED TO* implica o no un valor de costumbre.

2. Expresión *BE USED TO + V-ING*

Contrariamente a la precedente, esta expresión no se limita al uso del pretérito: el auxiliar *BE* con el que se forma puede estar en presente, en pretérito, construido con un modal, etc.

- *She **is** used to working hard.*   Ella está habituada a trabajar mucho.

  *He **must be** used to living in the country.*
  Él debe de estar acostumbrado a vivir en el campo.

La forma *V-ING* tiene aquí un valor de nombre. Por otra parte, la expresión *BE USED TO* aparece construida a menudo con un GN: *She is used to the climate* (Ella está acostumbrada al clima). En todos los casos expresa una costumbre más o menos **soportada**. Volvemos a encontrar este sentido en la expresión GET USED TO:

- *He finally **got used to being called** John.*
  Al final se acostumbró a que le llamaran John.

Subjuntivo, imperativo, infinitivo

69. El subjuntivo

Cuando se habla en inglés de subjuntivo, se trata (salvo indicación contraria) de subjuntivo **presente**. En efecto, el subjuntivo **pretérito** sólo existe para BE (➡ 69.3).

1. Forma del subjuntivo presente

Todos los verbos, al igual que *BE* y *HAVE*, poseen un **subjuntivo presente**. La forma es la misma para todas las personas: se trata de la **base verbal** (por tanto, no hay -*s* en la 3ª pers. sing.).

● *She suggest that he **leave** as soon as possible.*
Ella sugiere que él salga en cuanto sea posible.

*It is vital that the work **be** finished by Monday.*
Es vital que el trabajo esté acabado para el lunes.

La **negación** se forma **simplemente con *NOT*** (sin *DO*); *NOT* se coloca **delante del verbo**:

● *They suggest that he **not leave** at once.*
Ellos sugieren que él no salga en seguida.

Las reglas de concordancia de los tiempos no se aplican al subjuntivo (que permanece invariable):

● *She suggested that he **leave** as soon as possible.*
Ella sugirió que él saliera en cuanto fuera posible.

2. Sentidos y usos del subjuntivo presente

El subjuntivo presente pertenece a la lengua cuidada o incluso atildada; en la lengua familiar se prefiere emplear otras formas [sobre todo las construcciones impersonales, (➡ 160)]. Se utiliza para un acontecimiento visto como imaginario (deseable, hipotético, aún no realizado, etc.), pero sin idea de irreal.

- **Contextos directivos** [mismos contextos que para el *should* con valor de subjuntivo, (➡ 57.1):

● *He suggested that/He ordered that/It´s important that the project **be** abandoned.*

- **Expresión de un deseo** (en frases hechas):

● *God **save** the King.*   Dios salve al Rey.
  *So **be** it.*   Que así sea.

etc.

- **Expresión de una hipótesis o de una concesión** (= incluso si...)
sobre todo en frases hechas:

- *if need **be***   si fuese necesario
  *whether it **be** true or not*   sea cierto o no
  ***come** what may*   pase lo que pase; etc.

3. Subjuntivo pretérito de *BE* (forma *WERE*)

La forma es ***were*** para todas las personas. Así pues, la diferencia con el
pretérito de indicativo no aparece más que en la 1ª y la 3ª pers. del
singular: es *I were / He were* en lugar de *I was / He was*.

- *If I **were** you, I wouldn't ask him.*   Si fuese tú, no le preguntaría.

Dejando aparte la expresión *If I were you*, este subjuntivo no se utiliza
más que en la lengua culta, o al menos no familiar. Tiene un valor de **no
real** (y no de pasado).

- *Stop speaking to me as if I **were** a child.*
  Deja de hablarme como si fuera un niño.

  *Just suppose the brakes **were** to fail!*
  ¡Imagina solamente que los frenos fallan! (➡ 63.4)

70. El imperativo propiamente dicho (2ª persona)

La **forma** es la misma en el singular y en el plural; se trata simplemente
de la **base verbal**:

- ***Wait** a minute.*   Espera/Espere un momento.
  ***Be** careful.*   Sé/Sed prudente/prudentes.

La **negación** se forma con ***do not*** (o ***don't***, forma contracta), que precede
a la base verbal o *BE*:

- ***Don't wait** any more.*   No esperes/No esperen más.
  ***Don't be** silly.*   No seas/No sean estúpido(s).

El imperativo inglés tiene más o menos los mismos **usos** que el imperativo español (2ª persona). También puede, en ciertos casos (sobre todo en
los avisos escritos y notas), equivaler al infinitivo español:

- Quitar la tapa antes de usarlo.   → *Remove the lid before use.*
  No abrir.   → *Do not open.*

La **repetición interrogativa** más corriente después del imperativo es
will you? (que expresa una orden bastante seca si la entonación es
descendente):

- *Close the door, **will you?***   ¿Quieres cerrar la puerta?

El imperativo posee (como el indicativo presente) una **forma enfática**
que utiliza al **auxiliar DO**, y que expresa simplemente una insistencia
cortés:

- ***Do take** a seat!*   ¡Siéntese, se lo ruego!

Existe otra forma de insistencia (más fuerte, a menudo con un matiz de irritación), que consiste en utilizar **you** delante del imperativo:

- *You be quiet!*   ¡Estate quieto!

71. La construcción imperativa en *LET* (1ª y 3ª personas)

- **Let's go.**   Salgamos.
  Let the main witness **speak** first.   Que el testigo principal hable primero.
  Let him **speak** first.   Que él hable primero.

Como se ve, los **pronombres** utilizados en esta construcción hacen las veces de **complemento** (*Let me/him/her/it/us/them*...). En la primera persona del plural (pronombre *us*) se utiliza en general la forma contracta (*Let's go*). De hecho, la forma contracta permite establecer la distinción entre la construcción imperativa y la utilización del verbo *let* (dejar): en la lengua corriente, la forma *Let us go* será entendida en el sentido de: Dejadnos partir.

En las otras personas, sin embargo, puede haber ambigüedad, al menos en la escritura: la forma *Let him go!* no es necesariamente una construcción imperativa (sentido de ¡Que él se vaya!), sino que puede tener también el sentido de ¡Déjale/Dejadle irse!

-la **repetición interrogativa** utilizada después de *let's* es **shall we?**

- *Let's go to the movies, **shall we?*** Vamos al cine, ¿de acuerdo?

Para la **forma negativa** hay dos construcciones:

- **Let's not go** at once.   No salgamos en seguida.
  Don't let's go at once.   (mismo sentido)

La segunda construcción es utilizada frecuentemente en la lengua corriente en inglés británico.

72. El infinitivo sin *TO* y con *TO*

1. Forma negativa

Se utiliza simplemente *NOT* (y nunca *DO*).

- Con el infinitivo sin *TO*, se coloca *NOT* delante de la base verbal:

- *Why **not ask** Brenda?*   ¿Por qué no preguntar a Brenda?

- Con el infinitivo precedido de *TO*, se coloca *NOT* delante de *TO*:

- *To be or **not to be**, that is the question.* (Shakespeare)
  Ser o no ser, ésa es la cuestión.
  *I'll try **not to fall**.*   Voy a intentar no caerme.

2. Usos del infinitivo sin *TO* en las frases simples

- En las interrogativas introducidas por *WHY* (equivalente al infinitivo español):

- *Why **worry**?*   ¿Por qué preocuparse?
  *Why not **stay** here?*   ¿Por qué no quedarse aquí?

- En las interrogativas que expresan sorpresa o indignación (equivalente al infinitivo español):

- ***Go** there by car? Just think a minute!*
  ¿Ir hasta allí en coche? ¡Piensa un poco!

  *Me **apologize** to him? You must be joking!*
  ¿Yo presentarle excusas? !Debes estar de broma!

3. Usos del infinitivo precedido de TO en las frases simples

El uso principal es el de las llamadas construcciones pseudo-interrogativas:

- *How **to keep** fit.*   Cómo mantenerse en forma.
  *Where **to spend** dream holidays.*
  Dónde pasar unas vacaciones de ensueño.

Se advertirá que estas frases no son preguntas aunque comienzan por una palabra interrogativa. De hecho anuncian las respuestas a una pregunta ("Vamos a decirle cómo mantenerse en forma", etc.); y, contrariamente a las frases del tipo *"Why worry?"*, afrontan la realización de la acción -de ahí el uso de *TO*.

Esta construcción no puede ser utilizada en las frases que empiezan por *HOW/WHERE/WHAT/*, etc. y que son verdaderamente preguntas; es preciso entonces recurrir a una forma distinta del infinitivo:

- Ahora, ¿qué podemos hacer?   *What shall we do now?/ What are we to do now?*
  ¿Cómo hacerle comprender?   *How can we make him understand?*

E l nombre

73. El género (masculino, femenino o neutro)

El género aparece a veces indicado por la forma del nombre (*waiter/waitress*= camarero/camarera), pero de hecho se manifiesta esencialmente en la elección de los **pronombres personales de la tercera persona del singular.** Está determinado del siguiente modo:

- **Seres humanos** (y animales/objetos/, etc. personificados): **masculino** o **femenino.**

- *Have you seen the new secretary? **He´s/She´s** very nice.*
  ¿Habéis visto el nuevo/la nueva secretario/a? Él es/Ella es muy amable.

-**Animales/objetos/**, etc. (salvo caso de personificación): **neutro**.

● *Have you seen the new library? It's very large.*

El nombre library es del género neutro; cuidado con el español, donde no hay género neutro para los nombres.

Se tiene tendencia a personificar a los animales que son más familiares al hombre. Así, a *cow* (una vaca) podrá ser denominada por *she* -aunque *it* no queda excluido. Igualmente se puede personificar un barco, un coche, un camión, un país; el género será entonces el **femenino**; así pues, *Denmark* (Dinamarca) → *it* o *she*. En cambio, puede utilizarse el neutro *(it)* para un bebé del que no se conoce el sexo. Nombres colectivos *(the government*, etc.) (➟ 76).

74. El número (singular o plural)

El número aparece por un lado en la **forma del nombre** [terminación *-s* en el plural, salvo para los nombres irregulares o invariables (➟ 75)], y por otro en las **concordancias**:

- concordancia con **ciertos determinantes**: *this* (singular, este/esta) → *these* (plural, estos/estas); *a/an* (siempre singular), etc.

- concordancia con **ciertos pronombres**: *he/she/it* (singular) → *they* (plural), etc.

- concordancia **sujeto-verbo** (o **sujeto-auxiliar**): *This cat **likes** milk* (singular, a este gato le gusta la leche) → *These cats **like** milk* (plural).

Algunos nombres pueden ser utilizados solamente en singular y otros solamente en plural; las posibilidades dependen de la **categoría** a la que pertenece el nombre (ver a continuación las 5 categorías de nombres). En general, cada nombre pertenece a una categoría precisa: sin embargo ciertos nombres (p. e. *coffee*) pueden, según se utilicen, pertenecer a varias categorías.

75. Los enumerables *(CAT)*

Los nombres **contables** *(cat, man, table*, etc.) corresponden a unas categorías que se dividen de forma natural en **elementos individuales** (que pueden ser contados: *one cat, two cats*, etc.); en cambio, los nombres **no contables** *[milk, courage*, etc. (➟ 77)] no se dividen de forma natural en elementos individuales. Las nociones a las que corresponden los contables y los nocontables se pueden representar así:

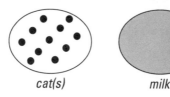

cat(s)   milk

Los contables poseen, en su forma misma, una **alternancia singular/plural**. Algunos contables, sin embargo, son invariables (➡ 75.3).

1. Plurales regulares

Forma escrita: se añade la terminación **-s** a la forma del singular *(one cat → two cats)*. Casos particulares:

- terminación **-es** después de s, z, x, sh, ch *(actresses, boxes, beaches)*;

- nombres que terminan en **consonante + y**: plural en **-ies** *(lady → ladies*, pero *day → days)*.

Forma oral: se sigue la misma regla que para la terminación *-s* de la 3ª pers. sing. del presente de los verbos (➡ 13): /z/, /s/ o /ɪz/ según el caso.

2. Plurales irregulares

- Palabras de forma diferente:

- *man* (hombre) → *men*   *woman* (mujer) → *women*   *child* (niño) → *children*
  ox (buey) → *oxen*   *foot* (pie) → *feet*   *tooth* (diente) → *teeth*
  goose (ganso) → *geese*   *mouse* (ratón) → *mice*   *louse* (piojo) → *lice*

- Plurales griegos o latinos:

- *crisis* /ˈkraɪsɪs/ (crisis) → *crises* /ˈkraisiːz/   *hypothesis* → *hypotheses*
  analysis → *analyses*   *basis* → *bases*   *criterion* → *criteria*
  phenomenon → *phenomena*   *formula* → *formulae* o *formulas*

- Ciertas palabras en **-f** o en **-fe:** plural en **-ves** *(half → halves; wife → wives)*.

- *calf* (ternero)   *half* (mitad)   *knife* (cuchillo)   *leaf* (hoja)
  life (vida)   *loaf* (hogaza)   *self* (yo, personalidad)   *shelf* (estante)
  thief (ladrón)   *wife* (mujer, esposa)   *wolf* (lobo)

Los demás nombres en **-f** o **-fe** poseen un plural regular:

- *roof* (techo) → *roofs*   *scarf* (pañuelo, echarpe) → *scarfs* o *scarves*

- Algunas palabras en **-o** forman el plural en **-oes** (sin embargo, no hay diferencia en la pronunciación):

- *hero* → *heroes*   *potato* → *potatoes*   *tomato* → *tomatoes*

Pero *piano → pianos, photo → photos;* para las demás palabras, consultar el diccionario.

3. Nombres que mantienen la misma forma en plural (contables invariables)

- *His **sheep** is black* (Su cordero es negro) → *His **sheep** are black* (Sus corderos son negros).

  *This **crossroads** is dangerous* (Este cruce es peligroso) → *These **crossroads** are dangerous.*

Así pues, hay que prestar atención a los nombres de esta categoría que terminan en *-s:* no concuerdan obligatoriamente en plural.

Lista de nombres contables invariables
craft (embarcación), _aircraft_ (avión), _spacecraft_ (nave espacial), _sheep_ (cordero),
fish (pez; plural _fishes_ también es posible); en general, animales que se cazan o pescan: _deer_ (gamo), _trout_ (trucha), etc.
series (serie), _species_ (especie), _means_ (medio), _crossroads_ (cruce), _barraks_ (cuartel), _headquarters_ (cuartel general), _works_ (fábrica).

76. Los colectivos _(FAMILY, PEOPLE)_

1. Colectivos facultativos _(family)_

Cuando están en singular (por tanto sin _-s: the family_) estos nombres pueden, según el contexto, ser considerados de dos formas.

- Pueden ser considerados como una **unidad**. En este caso, concuerdan en singular _(Their family **has** a tradition of hospitality)_, y su género es neutro (repetición por medio de _it_ o con el relativo _which._)

- Pueden ser considerados como un **conjunto de individuos**. En este caso, concuerdan en plural: _The family **were** unanimous that it was a good idea_ (La familia fue unánime en pensar que era una buena idea); _England **were** defeated two-nil_ (Inglaterra ha sido derrotada por 2 a 0). Evidentemente se repiten con los pronombres plurales _(they, them, their)_ y con el relativo _who._

La segunda posibilidad es más utilizada en inglés británico que en inglés americano.

Lista de colectivos facultativos		
army	_crowd_	_ministry_
audience (oyentes/espectadores)	_enemy_	_pair_
cast (reparto/actores)	_family_	_party_
committee	_firm_	_press_
company (sociedad/empresa)	_gang_	_public_
council	_government_	_regiment_
couple	_group_	_staff_ (personal)
crew (equipaje)	_jury_	_team_

2. Colectivos obligatorios _(people)_

Estos nombres no llevan la marca del plural (no hay _-s_), de modo que en ciertos contextos se les podría tomar por nombres en singular; por ejemplo: _He called the police_ (Él ha llamado a la policía); no obstante, cuidado: **concuerdan en plural**.

- _The police **have** arrested the murderer._ La policía ha arrestado al homicida.
  There **were** about twenty police in the street. Había una veintena de policías en la calle.
  These people **are** mad. Esos tipos están locos.
  There **were** two people in the room. Había dos personas en la habitación.

Lista de los principales colectivos obligatorios: *clergy, police, people, cattle* (bovinos), *vermin* (animales parásitos/nocivos).

a. *People* utilizado en el sentido de "pueblo" tiene un plural en s: *The pleoples of Asia* (Los pueblos de Asia).

b. *Crew* (tripulación) y *staff* (personal) pueden funcionar como *family* (*The staff is/are competent* o como *people* (*There were only two staff*).

77. Los no contables singulares *(MILK)*

1. Dos reglas que hay que tener en cuenta

- No utilizar el artículo *A/AN* con estos nombres:

● Él ha peleado con un gran coraje. → *He fought with great courage.*

-No ponerlos en plural:

● Estas informaciones son muy útiles. → *This information is very useful.*

2. Nombres que pertenecen a la categoría de los no contables singulares

- Nombres de materias: *milk, iron* (hierro), *air*, etc.

- Nombres de colores: *Do you like blue?* ¿Le gusta el azul?

- Nombres de juegos y deportes: *draughts/checkers* (damas), *chess* (ajedrez), *billiards, darts* (dardos), *cricket*, etc.

- Nombres de lenguas: *They speak very good English.*

- Nombres de enfermedades: *bronchitis, measles* (sarampión), *mumps* (paperas), *pneumonia, cancer*; pero: *a cold, (the) flu, a headache.*

- La mayor parte de los nombres abstractos: *love, happiness, music, singing, cooking*, etc.

Lista de no contables que pueden ser fuente de errores
Los nombres seguidos de un asterisco tienen también un uso contable, con un sentido más o menos diferente; por ejemplo: *a cloth (plur. cloths)* = un trapo/un paño.

abuse (insultos)	*fruit**	*progress* (progreso)
accomodation (alojamiento)	*garbage* (basura)	*refuse* (basura)
advertising (publicidad)	*hair**	*remorse* (remordimiento)
advice (consejos)	*help** (ayuda)	*smoke* (humo)
baggage	*information* (informaciones)	*spaghetti*
business*	*knowledge* (conocimientos)	*spinach* (espinacas)
cloth* (tejido)	*land**	*toast**
clothing (vestidos)	*laughter* (risa)	*transport*
country*	*leisure* (ocio)	*travel* (viajes)
damage (daños)	*lightning* (relámpago, rayo)	*waste* (restos)
equipment (material)	*luck* (suerte)	*weather* (tiempo meteorológico)
evidence (pruebas)	*luggage*	*work**
expenditure (gastos)	*news* (noticias)	
furniture (mobiliario)	*permission*	

3. Los "contabilizadores"

Son palabras que se pueden colocar delante de los no contables permitiendo contarlos (creando de ellos unidades). El más neutro es *a piece of: a piece of furniture* (un mueble), *a piece of advice* (un consejo); igualmente se emplea *article: an article of clothing* (un vestido).

No es preciso recurrir a los enumeradores sistemáticamente. A menudo vale más utilizar simplemente *THE* o *SOME*: ¿Cuáles son las noticias? → *What's the news?;* Él me ha dado un buen consejo → *He gave me some good advice.* A veces se cuenta también con un **contable:** *travel* (no contable), los viajes; *a journey/ a trip* (contable), un viaje.

Los demás enumeradores son más especializados:

- *a **glass** of milk*   *a **loaf**/two **loaves** of bread*
  *a **speck** of dust* una mota de polvo   *a **flash** of lightning* un relámpago
  *a **slice** of toast* una tostada   *a **bar/cake** of soap* un jabón

78. Los no contables plurales *(CUSTOMS)*

1. Caso general

Estos nombres tienen siempre una forma en plural (terminación en *-s)* y siempre concuerdan en plural (La escalera es peligrosa → *The stairs **are** dangerous).* Por otra parte, **no pueden ser divididos en unidades**: para decir "tres vestidos" no se puede utilizar el inenumerable plural *clothes.* (Se dirá *three articles of clothing.)*

Los no contables plurales presentan pocos problemas para el hablante español cuando tienen equivalentes españoles del mismo tipo *(surroundings,* alrededores). Pero cuidado con otros casos:

- *brains* cerebro/intelecto   *customs* (aduana)
  goods mercancía   *lodgings* (vivienda amueblada)
  looks apariencia, belleza   *oats* avena
  stairs escalera   *wages* salario

Los nombres (de ciencias, etc.) en *-ics (mathematics, politics,* etc.) son no contables para los que se puede escoger entre el singular y el plural:

- *Politics has/have never interested him.*

2. Objetos dobles *(scissors, trousers, etc.)*

Están siempre en plural (cuidado con los equivalentes españoles para palabras como *trousers,* un pantalón / unos pantalones). Para enumerarlos, se utiliza *pair of:*

- He comprado un jean/tres jeans. *I bought **a pair of jeans/three pairs of jeans**.*

Palabras de esta categoría:

- *glasses/spectacles*   gafas
  scissors   tijeras
  pliers   pinzas
  tights   mallas

trousers/pants, jeans, shorts, panties, knickers, briefs, slacks, trunks, pyjamas (inglés americano: pajamas).

79. Los nombres propios *(ENGLAND)*

- Generalmente se utilizan con el determinante "cero" (➠ 81): *England* (Inglaterra), etc.

- Los nombres propios de personas adoptan, en plural, la marca del plural: los Martin ➞ *the Martins.*

Determinante "cero", artículos A/AN y THE

80. La determinación del nombre

Tomado aisladamente, un nombre como *milk* o *cat(s)* designa simplemente una **categoría**. Pero cuando es utilizado en una frase forma parte de un **grupo nominal** (o **GN**), y este GN puede designar lo que llamaremos un **objeto**. Así, en *There are three cats in the garden*, el objeto designado por el GN *three cats* está constituido por un conjunto de tres gatos.

Determinar un nombre es aportar precisiones (mayores o menores) sobre el objeto que designa, por medio de procedimientos gramaticales llamados **operaciones de determinación**. Para comprender los diversos usos de los artículos *(A/AN y THE)* y de los cuantificadores *(SOME, ANY, etc.)* es importante saber cómo funcionan estas operaciones.

La primera operación de determinación se denomina **delimitación**. Consiste simplemente en construir un subconjunto, o una subcategoría, en la categoría designada por el nombre.

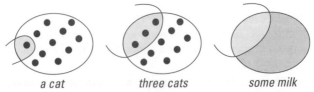

| a cat | three cats | some milk |

81. El determinante cero (Ø)

Se llama **determinante Ø** a la ausencia de determinante delante del nombre. Así, se puede oponer el empleo de **Ø + nombre** al de *THE* + **nombre** en:

- *I like **milk**.*
  *I like **the milk** you have bought.*

Me gusta la leche.
Me gusta la leche que has comprado.

La misma oposición aparece en *I like **oranges** / I like **the oranges** you have bought.*

Desde el punto de vista del sentido, el empleo del determinante Ø (o ausencia de determinante) corresponde simplemente a la **ausencia de toda operación de determinación**. Esto significa, en primer lugar, que el segmento **Ø + nombre** *(milk, oranges, etc.)* no opera **ninguna delimitación** en la categoría representada por el nombre.

El determinante Ø puede preceder a un **contable en plural** *(I like oranges)* o a un **no contable en singular** *(I like milk)*. Se utiliza sobre todo en los casos siguientes:

1. Se habla de algo **en general**:

- *Cats* *are carnivorous.*   Los gatos son carnívoros.

Se habla del conjunto de la categoría "cats".

- *Lead* *is a metal.*   El plomo es un metal.

Se habla del conjunto de la categoría "lead".

- *I like **milk** / I like **oranges**.*

En este caso quizás no se trata de la totalidad de la categoría *"milk"* o *"oranges"*, pero, al utilizar Ø delante del nombre, no se establece ninguna restricción, ninguna delimitación en la categoría que designa el nombre.

El español utiliza en este caso el/la/los/las, pero en inglés no hace falta emplear *the*.

Si el nombre está precedido por un adjetivo, esto no provoca el empleo de *the*; tiene que ver simplemente con una nueva categoría, de la cual se puede hablar en general: *He likes **fast cars*** (Le gustan los coches rápidos).

2. Se habla de la **naturaleza** del objeto; dicho de otra manera, se habla de una cualidad y no de una cantidad [oposición con *SOME/ANY*, (➠ 85)].

- *Do you want **tea** or **coffee**?*   ¿Quiere usted té o café?
  *There are **cherries** at the greengrocer's.*   Hay cerezas en la frutería.

3. El nombre *(school, lunch, etc.)* designa algo que es **contemplado de una forma abstracta**, como una noción (y no como un objeto concreto).
-Nombres de lugares, de instituciones, etc., consideradas en su **función**: *bed, church* (iglesia), *hospital, jail* (prisión), *market, prison, school, town, university, work* y algunas más. (Cf., en español, la oposición "Ha salido de prisión" / "Ha salido de la prisión".) Compárese:

- *He goes to **church** every Sunday.*   Va a la iglesia todos los domingos.
  *He went to **the church** to see the new vicar.*
  Ha ido a la iglesia para ver al nuevo cura.

- Nombres de comidas consideradas más bien en su aspecto de **institución social o familiar**. Compárese:

- *What time do they have **breakfast**?*   ¿A qué hora desayunan?
  *The **breakfast** had been cooked by Liz.*   El desayuno había sido preparado por Liz.

- Nombres de juegos considerados como una actividad, de forma relativamente abstracta:

- *Tomorrow I´m playing **tennis/bridge** with Bob.*
  Mañana juego al tenis/al bridge con Bob.

4. Nombres propios

Estos nombres, en principio, no necesitan determinación, puesto que el objeto que designan es único. No obstante hay casos en los que se utiliza *THE*.

- **Nombres de personas**: determinante Ø, tanto cuando el nombre está precedido por un nombre de título (*Prince Andrew, Queen Elizabeth, President Kennedy, Professor Higgins, Colonel Triggs*, etc.), como por un nombre de parentesco (*Uncle Sam*), o por un adjetivo (*old Johnson, poor Tom*). Hay que tener en cuenta que un nombre de título no es, en sí mismo, un nombre propio (luego: *the Prince, the Prince of Wales, the Colonel*, etc.).

- **Nombres de continentes, países y regiones**: determinante Ø (*Sweden is a Scandinavian country*, Suecia es un país escandinavo), salvo delante de las iniciales (*the USA*) y de los nombres en plural (*the Netherlands*, los Países Bajos).

- **Otros nombres geográficos**: nombres de montañas, de islas, de cabos, de lagos en singular (y no seguidos de OF): generalmente Ø (*Mount Everest, Vesuvius, Corsica, Cape Horn, Lake Michigan*); pero: *the Alps, the Canaries, the Cape of Good Hope*. Nombres de ríos, mares, océanos: generalmente THE: *the (River) Thames* (el Támesis), *the Mediterranean (Sea)*.

82. El artículo *A/AN*

1. Formas

- **a** (pronunciado /ə/) delante de un **sonido consonántico**: *a car*. **Atención**: lo que cuenta es la forma **oral**; ciertas palabras cuya forma escrita comienza por una **u** o por una **o** comienzan de hecho, **en su forma oral**, por la **consonante** /j/ o /w/.

universe /ˈjuːnɪvɜːs/ → *a universe*; *one* /wʌn/ → *a one-star hotel*.

- **an** (pronunciado /ən/) delante de un **sonido vocálico**: *an offer, an American car*.

Cuidado con las palabras que empiezan por una *h*: en inglés, **la h inicial se pronuncia** (y se trata de una **consonante**: /h/), salvo en *heir* (heredero), *honest, honour* y *hour* (y sus derivados *honestly, honourable,* etc.); así pues: *a horror film, a happy ending,* etc. (pero *an heir, an honest politician,* etc.). Cuidado igualmente con las siglas (series de iniciales) que comienzan por un sonido vocálico: *an MP* (un diputado).

2. Sentido

A/AN sirve únicamente para introducir, en la categoría representada por el nombre, la **delimitación de un subconjunto** que comprende **un solo elemento** [esquema (➠ 80)].

A la operación de delimitación efectuada por *A/AN* puede añadirse, en ciertos casos, una operación llamada **identificación**. La identificación consiste en definir el objeto, indicando su lugar en una situación. Es efectuada por el **contexto** del grupo nominal. Compárese:

- *A cat is a cornivorous animal.*   Un gato es un animal carnívoro.
  Bob saw a cat in the garden this morning.
  Bob ha visto un gato en el jardín esta mañana.

En la primera frase, se trata de "cualquier gato": el objeto designado por *a cat* **no está identificado**.

A podría ser reemplazado aquí por *ANY*, pero no por *ONE*.

En la segunda frase, en cambio, se designa un gato particular, que es definido (**identificado**) por la situación con la cual se le relaciona; en adelante se podrá hablar de ese gato como "el gato que Bob ha visto esta mañana en el jardín". La operación de identificación es efectuada por los elementos de la frase **exteriores al GN**, en este caso por *Bob saw... in the garden this morning*; no ha sido realizada por el artículo *A/AN*, que expresa simplemente una delimitación.

A podría aquí ser reemplazado por *ONE*, pero no por *ANY*.

Hay también casos intermedios, con una identificación imprecisa:

- *Liz would like to adopt a cat if she finds one.*
  Liz quisiera adoptar un gato si encuentra uno.

Quizás se trata de "cualquier gato", pero se puede decir de él *"the cat that Liz wants to adopt"*.

Entre los casos intermedios se encuentran los usos **clasificadores**:

- *Look! It's a cat!*   ¡Mira! ¡Es un gato!

El artículo *A/AN* expresa en este caso la pertenencia de un elemento a una categoría; volveremos a encontrar este valor en los dos primeros casos que siguen.

3. Empleos de *A/AN* que no corresponden a "un/una" en español

- Delante de **los nombres de oficios o de funciones**, en frases como:

- *He wants to be a mechanic when he grows up.*
  Él quiere ser mecánico cuando sea mayor. (Empleo de Ø en español.)

- En ciertos GN **en aposición**; se añade una precisión sobre una persona o una cosa ya mencionada, indicando su pertenencia a una categoría:

- He jumped the traffic lights, **a mistake** which might have been fatal.
  Se ha saltado los semáforos, error que habría podido ser fatal. (Ø en español.)

- Empleo llamado **distributivo** (para indicar una precio, una velocidad, etc.):

£15 a metre/a kilo	15 libras el metro/el kilo
60 kilometres **an hour**	60 kilómetros por hora
twice/three times **a week**	dos veces/tres veces por semana

83. El artículo *THE*

1. Forma

THE, cuya forma escrita es invariable, se pronuncia /ðə/ delante de un sonido **consonántico** (*the cat* : /ðə`kæt/), y /ðɪ/ delante de un sonido **vocálico** (*the animal* : /ðɪ`ænɪml/). Como para *A/AN* (➡ 82), hay que recordar que es la forma **oral** lo que cuenta, y no la ortográfica; así pues, pronunciación /ðɪ/ para *the hour*, y /ðə/ para *the one-star hotel*. La forma acentuada, sin embargo, se pronuncia siempre /ðiː/: *It´s THE car* (Es EL coche) → /`ɪts `ðiː `kɑː/.

2. Sentido

El artículo *THE*, que expresa una operación de determinación denominada **'recuperación''**, funciona a menudo (pero no siempre) como los artículos *EL/LA/LOS/LAS* en español. Es utilizado para designar un objeto que **ya está identificado**, o **identificado en el contexto inmediato** (de ahí su nombre de artículo "definido"). Son importantes los usos particulares siguientes.

- **Empleo genérico de THE**:

- **The tiger** is a dangerous animal.

En esta frase, *the tiger* es utilizado un poco como nombre propio; el empleo de *the* corresponde a la designación de un tigre en cierto modo simbólico, que representa a toda la especie (y que en consecuencia es conocido, o dicho de otro modo identificado). Existe en español un uso idéntico del artículo definido ("El tigre es un animal peligroso"), pero cuidado: en inglés, este uso no es posible más que con los **nombres enumerables en singular**; en los demás casos, hay que emplear Ø: *Tigers* are dangerous animals./**Mercury** is a metal.

MAN y *WOMAN* constituyen aquí una excepción, pues se emplean en singular con Ø (y no con *THE*):

- *Is* **woman** *weaker than* **man**?   ¿La mujer es más débil que el hombre?

- **THE** + adjetivo empleado como nombre, para designar **el conjunto de una categoría de personas**:

- **The young** are very fond of this music.
  A los jóvenes les gusta mucho esta música.

Adviértase que el adjetivo permanece **invariable** (sin -s), y que el grupo *THE* + **adjetivo** empleado de este modo tiene, no obstante, un **sentido plural** (lo que aparece en la concordancia sujeto-verbo). Sobre las restricciones a este uso, (➡ 106).

84. Resumen de las operaciones de determinación

	Operación	Efectuada por	Ejemplos
−	Cero (ausencia de determinación)	**Ø** (+ nombre)	*Cats like milk.*
↓	Delimitación	**A/AN, SOME, ANY**, etc. (Determinantes indefinidos)	*A cat is carnivorous.*
↓	Identificación	**Contexto**	*I saw a cat in the garden yesterday.*
+	Recuperación	**THE**	*The cat is in the garage now.*

a. La determinación se construye por etapas: las operaciones se suceden lógicamente, y cada una implica que la precedente ha sido efectuada. Sin embargo, siempre es posible saltar etapas.

● *Tim was eating **cherries** as he read his newspaper. **The cherries** were obviously very good, because he ate them greedily.*
Tim comía cerezas mientras leía el periódico. Las cerezas estaban evidentemente muy buenas, porque las comía con glotonería.

En este caso hay directamente un salto de Ø a *THE*, sin pasar por el intermediario de un determinante del tipo *A/AN* o *SOME*, que efectuaría una delimitación. [La forma Ø, como hemos visto, corresponde a una *ausencia de delimitación*; su empleo está justificado aquí por el hecho de que no se habla de una cantidad; el empleo de *SOME* (➡ 85) sería imposible.]

Sin embargo hay una delimitación; ocurre simplemente que no es efectuada por un determinante, sino (de forma implícita) por el contexto: el número de cerezas que Tim come es forzosamente limitado.

b. En ciertos casos, la identificación no precede al empleo de *THE*, sino que lo acompaña; es efectuada bien por la situación:

● ***The fool** is going to get run over by a car!*
¡Van a atropellar a ese imbécil!

bien por los elementos incluidos en el grupo nominal:

● *His wife is **the blonde woman in the blue dress**.*
Su mujer es la rubia del vestido azul.

L *os cuantificadores*

Los cuantificadores son (como *A/AN*) determinantes utilizados para efectuar una delimitación (➡ 80). Esta delimitación es más o menos precisa, y establece una "cantidad" que puede estar constituida de elementos distintos (*many cats*), o que puede ser inenumerable (*much milk*).

85. *SOME* y *ANY*

1. Forma

Según sus usos, *SOME* se pronuncia /sʌm/o /səm/; *ANY* se pronuncia /ˈenɪ/.

2. Sentido

Los dos sirven para expresar la delimitación de una **cantidad imprecisa**. La diferencia entre *SOME* y *ANY* reside simplemente en la presencia o la ausencia de una **identificación** (➡ 82).

- *SOME* designa a un objeto **identificado**; así pues, la persona que dice *some tea* o *some apples* podría responder a la pregunta "¿Qué té?" / "¿Qué manzanas?"

Esto explica que se encuentre *SOME* muy a menudo (pero no de forma automática) en los contextos afirmativos, y *ANY* en contextos negativos o interrogativos:

• *There´s **some tea** in the teapot.*	Hay té en la tetera.
*There isn´t **any tea** in the teapot.*	No hay té en la tetera.
*Is there **any tea** in the teapot?*	¿Hay té en la tetera?

Advertencia sobre la oposición entre Ø (➡ 81) y *SOME/ANY*; cuando se utiliza Ø, no se habla de una cantidad sino de una cualidad:

- *There´s **tea** in the coffee-pot.*
  Hay té (no café o agua, etc.) en la cafetera.

86. *SOME* pronunciado /səm/

SOME pronunciado /səm/ es seguido bien por un **no contable singular** (*some tea*) bien por un **contable empleado en plural** (*some apples*). Se emplea, acabamos de verlo, en frases afirmativas como *There´s some tea* o *There are some apples*, pero se usa también en frases interrogativas cuando la persona que habla quiere designar un objeto **ya identificado** (dicho de otra manera, visto como existente):

• *Would you like **some** tea?*	¿Querría usted un poco de té?
*May I have **some** tea please?*	¿Puedo tomar un poco de té, por favor?

El té ofrecido/pedido existe ya en el pensamiento de la persona que habla.

Esto explica que, para ofrecer/pedir algo, *SOME* parece más educado que ANY, que implicaría una duda.

87. *SOME* pronunciado /sʌm/

SOME se pronuncia /sʌm/ no sólo en los casos examinados a continuación, sino también **cuando se emplea solo** [con un valor de pronombre, (➡ 124)] y en los compuestos *SOMEBODY, SOMETHING*, etc. (➡ 126).

Cuando se emplea /sʌm/ (forma "fuerte" del determinante), hay siempre una forma de insistencia sobre uno de los elementos del sentido.

1. *SOME* = *not all* (oposición en relación a la totalidad).

● *Some theatres are subsidized.*　　Algunos teatros están subvencionados.

2. *SOME* = *a certain number/quantity of* (oposición en relación a una cantidad nula).

● *We had already walked for **some** miles.*
　Nosotros habíamos hecho ya a pie cierto número de kilómetros.
　*That was **some** time ago.*　　Hace cierto tiempo de eso.

3. *SOME* (+ nombre enumerable en singular) = "alguien/algo desconocido". Lo impreciso en este caso es la identificación.

● *Some man asked for you yesterday.*　Ayer, un hombre preguntó por ti.
　*He must have seen that in **some** movie.*　Él ha debido de ver eso en alguna película.

4. *SOME* (+ nombre enumerable/inenumerable en singular); empleo afectivo.

● *Yes, he is **some** doctor!*　　　¡Sí, eso es un doctor!/no es cualquier
　　　　　　　　　　　　　　　　doctor! (Alabanza)
　Some friend you are!　　　　　¡Vaya amigo que eres! (Alabanza irónica)

5. *SOME* (+ número) = "alrededor" (Some expresa aquí el carácter impreciso del número).

● *That was **some** fifty years ago.*　Hace unos cincuenta años de eso.
　*There were **some** twenty people.*　Había una veintena de personas.

88. *ANY*

Como hemos visto, *ANY* designa un objeto **no identificado**. Según el contexto, este sentido puede adoptar dos valores que por lo común están claramente diferenciados:

● *There aren't **any** eggs/There isn't **any** milk in the fridge.* (valor de **cantidad**).
　*You'll find this dictionary in **any** bookshop.* (valor de **cualidad**)
　Encontrarás ese diccionario en cualquier librería.

1. *ANY:* **valor de cantidad**

Este empleo se encuentra muy a menudo (pero, como hemos visto, no de forma automática) en contextos que contienen una idea de **negación**, de

interrogación o de **duda**. La idea de negación puede estar contenida en una preposición como *without*, en un adverbio restrictivo como *hardly* (no... mucho), o en un verbo como *forget (to)*. Igualmente, la idea de duda puede estar contenida en la conjunción *if*, en un verbo como *doubt*, etc.

- *He'll do it whitout **any** delay/without asking **any** questions.*
  Lo hará sin retraso/sin hacer preguntas.

  *There was hardly **any** beer left.*   Ya casi no quedaba cerveza.

  *I had forgotten to ask for **any** information about it.*
  Yo había olvidado pedir información sobre eso.

  *If there is **any** difficulty, call this number.*
  Si hay alguna dificultad, llama a este número.

  *I doubt (if) we'll find **any** taxis.*   Dudo que encontremos taxis.

Con este valor de *ANY* (valor de cantidad), los **contables** son generalmente empleados en **plural** (incluso para cantidades nulas). Para los **contables en singular** es a menudo preferible emplear *A/AN*, y no *ANY*. Compárese:

- *He didn't see **any cars** in the street.*   Él no vio coches en la calle.
  *I haven't got **a car**.*   Yo no tengo coche.

2. *ANY*: valor de cualidad (sentido de "cualquier...", "todo/toda...")

- *You must find an excuse, **any** excuse will do.*
  Necesitas encontrar una excusa, cualquier excusa servirá.
  ***Any** help he can get will be useful.*
  Cualquier ayuda/Toda ayuda que pueda obtener será útil.

El segundo ejemplo está muy próximo del valor de cantidad (cf. *If he can get any help, it will be useful*), lo que demuestra que el sentido fundamental de *ANY* es siempre el mismo (objeto no identificado). En la mayor parte de los casos, sin embargo, es importante diferenciar bien los dos valores.

Posibilidades de ambigüedad

Fuera de contexto, la siguiente frase es ambigua en su forma escrita:

- *He won't drink any wine.*

Puede tener el sentido de "Él no beberá vino", o el de "Él no beberá cualquier vino". En la forma oral, se indicará el valor de cualidad por medio de la acentuación de *any* y con una entonación ascendente sobre *wine*:

- *He won't drink ANY wine.*   Él no beberá cualquier vino.

También es posible, para indicar este valor, añadir *just* delante de *any*, o (en la lengua familiar) añadir *old* a continuación de *any*:

- *He won't drink **just any** wine/He won't drink **any old** wine.* (misma entonación)

89. *NO*

El sentido de NO es básicamente el de *NOT... ANY* (valor de cantidad):

• *There is no difference.*	No hay ninguna diferencia.
There ins't any difference.	No hay diferencia.

En algunos casos sólo es posible *NO (NOT... ANY* excluido):

- En posición de sujeto o en posición inicial en las frases sin verbo: *No noise was heard* (No se oyó un ruido) / *No buses on Sundays* (No hay autobús el domingo).

- En ciertas locuciones y frases hechas: *I have no choice* (No tengo elección).

Fuera de estos casos, el empleo de *NO* es raro (salvo para conseguir un efecto de insistencia parecido al de "ningún/ninguna"); por tanto, se dirá *He didn't need any help* antes que *He needed no help.*

En español, los términos negativos pueden, en ciertas construcciones, añadirse unos a otros sin anularse recíprocamente; por ejemplo: **No** acepta **nunca ninguna** cita después de las seis. Esto no es posible en inglés: se necesita una sola negación; se dirá por tanto: *He **never** accepts any appointments after 6.*

Hay que tener cuidado con este principio, sobre todo cuando intervienen los compuestos de *SOME/ANY/NO (SOMEONE/ SOMEBODY/ SOMETHING/ SOMEWHERE, ANYONE/ ANYBODY/ ANYTHING/ ANYWHERE y NO ONE/ NOBODY/ NOTHING/ NOWHERE).* Así, "Nadie le ha dicho nunca nada" se traducirá por *Nobody ever said anything to him.*

90. Empleos adverbiales de *ANY/NO*

En estos usos, *ANY* y *NO* modifican un adjetivo (que generalmente tiene la forma de un comparativo: *better*, etc.); su valor se deriva siempre directamente de su sentido de base:

• *Do you feel any better?*	¿Te sientes un poco mejor?
He went no further than the post office.	
Él no fué más allá de la oficina de correos.	

Hay un uso parecido de *NO* delante de un nombre:

• *He's no doctor.*	No es en absoluto un doctor.

[="No tiene el título", o bien "No tiene las cualidades de un doctor"; comparar con *He is some doctor!* (➡ 87.4)].

91. *EACH, EVERY, ALL*

Estos tres determinantes se refieren de manera más o menos directa a una **totalidad** (y *EVERY*, como *ALL*, puede equivaler al español "todos/todas"), pero no hay que confundirlos.

1. *EACH* y *EVERY*

Los dos designan **un** elemento; están seguidos por un nombre en singular, la concordancia sujeto-verbo se hace en singular, y pueden equivaler a "cada". Diferencia: mientras que *EACH* considera cada elemento de forma verdaderamente separada, *EVERY* se orienta hacia la totalidad.

- **Each** *bedroom has its own bathroom.*   Cada habitación tiene su cuarto de baño.
  He has read **every** *book in the library.*   Ha leído todos los libros de la biblioteca.

Aunque la concordancia sujeto-verbo se haga en singular, todas las repeticiones interrogativas se hacen en plural: *Every/Each student was there,* **weren´t they?** Igualmente, las repeticiones con pronombre personal o con determinante posesivo se hacen para *EVERY* a menudo en plural [ver también (➠ 126)].

EVERY, por otra parte, tiene dos particularidades:

- No puede ser utilizado para un conjunto de dos elementos (➠ 92); así pues, "Había tiendas a cada lado de la calle" → *There were shops on* **each side** *of the street/on* **both sides** *of the street.*

- A partir de *EVERY* se forman los pronombres compuestos *EVERYONE/ EVERYBODY/EVERYTHING* (➠ 126) y el adverbio *EVERYWHERE*.

2. ALL

Se diferencia claramente de *EACH* y de *EVERY*: designa la totalidad sin considerar los elementos uno por uno; para los contables, el nombre y el verbo están **en plural**: *All men* **are** *equal.*

No hay que confundir *ALL* con *WHOLE* /ˈhəʊl/; *WHOLE* es un **adjetivo** cuyo sentido es "entero"; obsérvese el lugar que ocupa en el GN (diferencia del de *ALL*):

- *He ate* **the whole cake**.   Se comió todo el pastel/el pastel entero.
- = *He walked* **all the way**.   Hizo todo el camino a pie.
  Whole families *died.*   Familias enteras murieron.

3. Para expresar una **negación**, cuidado con el lugar de *NOT*, que precede a *ALL* o a *EVERY*:

- **Not all** *his books are as interesting.*   No todos sus libros son tan interesantes.
  Not everyone *likes science fiction.*   No a todo el mundo le gusta la ciencia-ficción.

92. *BOTH, EITHER, NEITHER*

Se utiliza *BOTH* /bəʊθ/, *EITHER* /ˈaɪðə/ o /ˈiːðə/ y *NEITHER* /ˈnaɪðə/ o /ˈniːðə/ en lugar de *ALL*, de *EVERY/ANY* y de *NO* cuando el conjunto del que se habla es un **conjunto de dos elementos**; compárese:

- *All the brothers live in London.*   ↔   *Both twins live in London.*
  Todos los hermanos viven en Londres.   Los dos gemelos viven en Londres.

  You can take any book.   ↔   *You can take either book.*
  (cualquier libro, entre varios)   (cualquiera de los dos libros)

  No book was interesting.   ↔   *Neither book was interesting.*
  (ningún libro, entre varios)   (ninguno de los dos libros)

BOTH no debe ser utilizado sistemáticamente como equivalente de "los dos". *BOTH* insiste sobre la oposición respecto a "uno solo". Por tanto, no puede ser utilizado cuando hay entre los dos términos una **relación de reciprocidad**, es decir en un contexto que haría aberrante el sentido de "no solamente uno/una, sino los dos"; así, en *The two brothers met on that occasion* (Los dos hermanos se encontraron en esa ocasión), no se podría reemplazar *the two* por *both*. Asimismo: ¿Cuál es la diferencia entre los dos métodos? → *What is the difference between the two methods?*

93. MANY/MUCH/A LOT OF y MOST

1. *MANY* es seguido por un contable en **plural** (*many apples*), *MUCH* por un nombre no contable en **singular** (*much milk*); *A LOT OF* se utiliza en los dos casos (*a lot of apples, a lot of milk*). En las frases **afirmativas**, se emplea *A LOT OF* (y raramente *MANY/MUCH*):

- *He ate **a lot of** biscuits/**a lot of** cheese.*   Comió muchas galletas/mucho queso.
  *Did he eat **many** biscuits/**much** cheese?*
  *He didn't eat **many** biscuits/**much** cheese*

MANY/MUCH son utilizados igualmente después de *HOW, TOO, AS* y *SO*:

- *How much money did you give him?*   ¿Cuándo dinero le habéis dado?

  He has too many suitcases/too much luggage.
  Tiene demasiadas maletas/demasiado equipaje.

  He doesn't need so much money/so many dollars.
  Él no necesita tanto dinero/tantos dólares.

  en exceso   *far too many/far too much*
  Hay excesiva gente   → *There are far too many people.*

2. Formas de sentido parecido

- *A GREAT DEAL/A GOOD DEAL OF* no puede emplearse más que con un **no contable singular**; por ejemplo, se puede utilizar con *trouble* (*a great deal of trouble* = muchas molestias), pero no con *debts*.

- *PLENTY OF* implica "bastante con amplitud": *We have plenty of time* (Tenemos tiempo de sobra).

- **No confundir** *SEVERAL* (varios) y *MANY*: es evidente que *Does he have several cars?* no tiene en absoluto el mismo sentido que *Does he have many cars?*

3. *MOST* (que de hecho es el superlativo de MANY/MUCH) es empleado delante de un nombre con el sentido de "la mayoría", "la mayor parte de":

- *Most children like animals.*   A la mayoría de niños les gustan los animales.

También es posible, con un cambio de sentido importante, añadir *of the* (pero no *of* solo):

- *Most of the children had pets.*
  La mayoría de los niños tenía animales domésticos.

En esta segunda frase ya no se habla de los niños en general.

94. *FEW* y *LITTLE*

FEW se emplea con un contable en **plural** (*few apples* = pocas manzanas), y *LITTLE* con un no contable en **singular** (*little milk* = poca leche).

No hay que confundir *FEW/LITTLE* (pocos) con a *FEW* (algunos) y *A LITTLE* (un poco de):

- *There are **few people**/There's **little food**.*   Hay poca gente/poca comida.
  *There are **a few people**/There's **a little food**.*   Hay algunas personas/ un poco de comida.

95. Los números

Sólo los números cardinales (*one, two,* etc.) son cuantificadores. Los números ordinales (*first, second,* etc.) son adjetivos.
Las palabras *dozen, hundred, thousand, million* y *billion* son invariables cuando están precedidas por un número.

- *I want **two dozen** (eggs).*   Quiero dos docenas (de huevos).
  ***Ten million** viewers saw the match.*
  Diez millones de telespectadores vieron el partido.

En cambio, adoptan la terminación -*s* en plural si están precedidos por el determinante Ø; el número es entonces introducido por *of*:

- ***Millions of** viewers saw the match.*
  Millones de telespectadores vieron el partido.

Cuando el número está asociado a un ordinal (*first, second,* etc.) o a *last/next/only/other*, viene habitualmente en segunda posición:

- *Take the first four seats.*   Coged los cuatro primeros asientos.
  The other three days were rainy.   Los otros tres días fueron lluviosos.

os demostrativos: THIS y THAT

96. Formas y funciones

THIS y *THAT* tienen cada uno un singular y un plural.

- *THIS:* singular **this** (*this girl*), plural **these** (*these girls*);

- *THAT:* singular **that** (*that girl*), plural **those** (*those girls*).

Pueden ser bien **determinantes** (delante de un nombre), bien **pronombres** (cuando se emplean solos).

- *Did you see **that man/girl/book/fog**? Did you see **those men/girls/books**?* (determinante)
  I *like **this/these/those**.* (pronombre)

That (determinante o pronombre) se pronuncia siempre /ðæt/; en este punto se diferencia de la conjunción y del relativo *that*, que generalmente se pronuncian /ðət/.

97. Sentidos y empleos

La oposición entre *THIS* y *THAT* se define así:

- *THIS* (*this/these*) es utilizado cuando se quiere designar algo que está próximo (en el espacio, el tiempo o la mente/el pensamiento). Compárese este uso con el de *here* y *now*.

- *THAT* (*that/those*) se utiliza cuando lo designado está distante (en el espacio, el tiempo o la mente/el pensamiento); Cf. el empleo de *there* y de *then*.

1. Proximidad/distancia en el espacio

- ***This** house is a mess.*
  Esta casa (la casa en la que estamos) está en completo desorden.

  *See **that** girl? She's my cousin.*   ¿Ves esa chica (de ahí)? Es mi prima.

  (Al teléfono) *Hello, Jimmy! **This** is Maggie.*
  Hola, Jimmy. Soy Maggie/Maggie al aparato.

  *In **this** country...*   En este país... (donde estamos)

2. Proximidad/distancia en el tiempo

- ***this** week*   esta semana (que comienza o está en curso)
  *in **those** days*   en estos días

3. Proximidad/distancia en el pensamiento (hay más posibilidades de elegir)

This se emplea para presentar, es decir cuando se quiere compartir con algún otro lo que está próximo: ***This** is Brenda* (Te presento a Brenda). Nótese que no se emplea *these* cuando se presenta a varias personas: ***This** is my father and my mother.*

En la conversación o en un texto, *this* se emplea a menudo para presentar lo que va a ser dicho. Sin embargo, también puede ser empleado para retomar lo que acaba de ser dicho: se señala entonces que se vuelve sobre el sujeto, o que se va a seguir hablando de él. *That*, en cambio, sólo puede referirse a algo que ya ha sido mencionado (es decir, que ya no tiene que ser presentado).

- *Listen to **this** (music).* (Se trata de la música que viene a continuación)

  *He made a short speech and **this** is what he said: we must fight unemployment.*
  Él pronunció un breve discurso, y esto es lo que dijo: debemos luchar contra el paro. (*that* imposible)

71

This/That (music) was wonderful.

*You said ´psychosis´, but I think that **this/that** word should be used very carefully.*
Tú dijiste "psicosis", pero creo que esa palabra debe ser utilizada con mucho cuidado.

98. *THIS* y *THAT:* determinantes o pronombres

1. Puede establecerse la regla general de que cuando *this/these* y *that/those* son empleados como pronombres completamente solos (cuando no están seguidos, por ejemplo de *one/ones*), no representan nunca a personas. Comparar:

● *Look at **that**.*	Mira eso. (un objeto, una materia, toda una escena, pero no una persona)
*Look at **that one**.*	Mira ése/ Mira a ése. (algo o alguien que está individualizado)

That puede ser empleado solo para presentar o identificar a alguien, pero eso no constituye una excepción: las formas en singular *this/that* son pronombres "vagos", que no representan ni a objetos ni a personas. Solamente atraen la atención:

● *Is **that** you, Daddy?*	¿Eres tú, papá?
*Who´s **that**?*	¿Quién es?

2. *This/these* y *that/those* no puede utilizarse con un adjetivo solo; es preciso que el adjetivo esté asociado al pronombre *one(s)*.

● *´Which of the actors did you like best?´* – ¿Cuál es el actor que has preferido?
*´I preferred **that tall blond one**.´* – He preferido al rubio alto.

*That blue dress looks very nice, but **this yellow one** is simply divine and **these short-sleeved ones** are wonderful, too.*
Este vestido azul está muy bien, pero ese amarillo es simplemente fabuloso y estos de mangas cortas también son magníficos.

3. *Those* pronombre puede ser acompañado por relativos o por complementos del nombre. *Those* puede representar entonces tanto a personas como a cosas:

● *I dond´t like all your colleagues, but I liked **those** we had lunch with yesterday.*
No aprecio a todos tus colegas, pero me gustaron esos con los que comimos ayer.

*We need new curtains. Do you think we could buy **those** we saw last week?*
Necesitamos cortinas nuevas. ¿Crees que podríamos comprar las que vimos la semana pasada?

*I mean **those** in the corner.*
Quiero decir los que están en el rincón. (personas o cosas)

4. Los demás demostrativos (*this, these* y *that*) no puede emplearse de este modo. Hay dos maneras esenciales de sustituirlos en esta función.

-the one/the ones + relativo o complemento del nombre:

- *Did you like **the one** he wrote?*
  ¿Te ha gustado el que/la que él escribió?
  *I know **the one** you met.*
  Conozco el que/a la que encontraste.
  *I have met **the one** with the beard.*
  Conozco al de la barba/al que tiene barba.

La forma del plural (*the ones*) compite con *those* (ver más arriba):

- *Did you like **the ones/those** he wrote?*
  ¿Te han gustado los que/las que escribió?

The one sólo puede representar a un nombre **contable;** así pues, para los no contables, hay que repetir el nombre:

- *He played some music, but I preferred **the music** he played last year.*
  Tocó algo de música, pero me gustó más la que tocó el año pasado.
  (Empleo de *the one* imposible.)

- **el genitivo (N´s)**, (➡ 117), cuando sea posible:

- *I wish I had a stereo like **you brother´s**.* (No añadir *one* a continuación del genitivo)
  Me gustaría tener una cadena como la de tu hermano.

A diferencia del español "éste", "ésta", etc., los demostrativos *this* y *that* no pueden ser utilizados para retomar un nombre que acaba de ser mencionado. Hay que emplear, por tanto, un pronombre personal, o bien (si hay riesgo de confusión), el nombre mismo:

- *Kenneth wanted to meet the president, but **he/the president** was too busy.*
  Kenneth quería encontrarse con el presidente, pero éste estaba demasiado ocupado.

99. Empleos adverbiales de *THIS* y de *THAT*

En estos usos, *this* y *that* modifican un adjetivo, un adverbio o *many/much*. Su valor procede directamente de su función de demostrativos:

- *The wall was about **this high**.* El muro era más o menos así de alto.
  (Frase acompañada de un gesto.)

En otros casos, es cercano al empleo de *so:*

- *Come on, it´s not (all) **that cold**!* ¡Vamos, que no hace tanto frío!
  *Now that we´ve come **this far**, what shall we do?*
  Ahora que hemos llegado tan lejos, ¿qué vamos a hacer?

L os adjetivos

100. Forma y funciones de los adjetivos

Los adjetivos ingleses son invariables: no concuerdan con el nombre al que están asociados.

- *Is your brother **tall**?*　　　¿Tu hermano es **alto**?
  *Look at that **tall** girl.*　　Mira esa chica **alta**.
  *Are you sisters **tall**?*　　　¿Tus hermanas son **altas**?

Los adjetivos pueden tener diversas funciones:

- **Epíteto**: el adjetivo está directamente asociado a un nombre.

- *a **luxurious car***　　　un coche lujoso
  *a **green copybook***　　un cuaderno verde

- **Atributo del sujeto**: el adjetivo está asociado al sujeto por medio de *BE* o de un verbo como *SEEM, BECOME*, etc.

- *Their **car is luxurious**./Her **copybook is green***.

- **Atributo del complemento**: el adjetivo está asociado a un nombre que es complemento de un verbo como *FIND* o *MAKE*.

- *I **found their car luxurious**.*　　Encontré su lujoso coche.

- **Aposición**: el adjetivo está asociado a un nombre, pero se encuentra separado de él por una coma o una pausa.

- *The bride, **resplendent** in her white dress, came down the steps.*
  La novia, resplandeciente en su vestido blanco, bajó los peldaños.

La aposición equivale de hecho a una proposición de relativo, parte de la cual no está expresa (*The bride, **who was** resplendent in her white dress, came down the steps*). En inglés no se puede poner en aposición un adjetivo solo, hay que emplear un relativo:

- Los niños, agotados, se sentaron al borde de la carretera.
- → *The children, who were exhausted, sat down on the roadside.*

101. Adjetivos epítetos

Salvo que haya una razón especial (➡ 102), el adjetivo epíteto se coloca **delante del nombre**:

- *They lived in a **huge house**.*　　Vivían en una casa gigantesca.

En esta posición se sitúan también los nombres empleados como adjetivos delante de otro nombre:

- *a New York journalist*   un periodista de Nueva York
  a gold bracelet   un brazalete de oro
  a morning walk   un paseo matinal

Si hay varios adjetivos epítetos delante de un nombre, los que indican una característica permanente (constatada objetivamente) son los más próximos al nombre, y los que indican un juicio de la persona que habla están más alejados:

- *an ugly long dress*   un horrible vestido largo
  a large English house   una gran casa inglesa
  an easy mathematical demonstration   una demostración matemática fácil

Si pertenecen a la misma categoría de sentido, los adjetivos epítetos pueden estar separados por una coma (una pausa en la lengua hablada):

- *He told us a sad, frightening story.*
  Nos contó una historia triste y espantosa.

Contrariamente a los adjetivos atributivos (*The house was old and decrepit*), los adjetivos epítetos no están generalmente unidos por *and* (*It was a decrepit old house*), salvo en un caso como *a black and white dog*.

102. Adjetivos epítetos colocados después del nombre

1. Algunos adjetivos pueden colocarse antes o después del nombre cuando son epítetos, pero en general el sentido no es el mismo en los dos casos. Compárese:

- *The **person responsible** was asked to come.*
  Se pidió a la persona responsable que viniera.
  *Give the task to a **responsible person**.*
  Confiad la tarea a una persona que tenga sentido de la responsabilidad.

Pertenecen a esta categoría los adjetivos siguientes: *present, responsible, concerned, involved, possible, available, conceivable, suitable, proper.*

2. Cuando sirven para numerar un capítulo, un acto, etc., los números (numerales cardinales) se colocan después del nombre, como en español: *chapter twelve, act two.* Por el contrario, los adjetivos numerales ordinales (*first, second,* etc. se colocan delante *the twelfth chapter, the second act.*

Los nombres de reyes constituyen un caso especial: *Luis XIV* se lee (y de dice) *Louis the fourteenth.*

3. Todos los adjetivos se colocan después de los pronombres indefinidos de la serie *SOMEBODY/SOMETHING*, etc. (➡ 126):

- *something funny*   algo gracioso
  nothing new   nada nuevo

103. Epítetos con complemento *(DIFFICULT TO UNDERSTAND)*

Algunos adjetivos van seguidos de un complemento:

- *He´s angry **with Tom / at the delay**.*   Está enfadado con Tom / a causa del retraso.
  *I am glad **I brought my umbrella**.*   Estoy contento de haber cogido el paraguas.
  *The children are anxious **to leave**.*   Los niños están impacientes por salir.

Como se ve, el complemento puede ser un GN introducido por una preposición (ejemplo 1) o una proposición subordinada (ejemplos 2 y 3; (➠ 153 y 157) para los tipos de subordinadas). En caso de duda sobre la construcción de un adjetivo (¿qué preposición o qué tipo de subordinada hay que emplear?), conviene consultar un diccionario.

Cuando un adjetivo epíteto va seguido de un complemento, la elección de su preposición puede suponer un problema. El grupo adjetivo + complemento nunca está colocado entero antes que el nombre. Hay entonces dos posibilidades, y la elección depende del adjetivo.

- **Se separa el adjetivo de su complemento** (adjetivo antes del nombre, complemento después del nombre):

- *nice people **to meet***   gente agradable de encontrar
  *a **difficult** book **for a children***   un libro difícil para un niño
  *an **impossible** problem **to solve***   un problema imposible de resolver

Véase también el caso de los comparativos, (➠ 110).

- **Se coloca el grupo adjetivo + complemento después del nombre:**

- *a glass **full of a strange-looking liquid***   un vaso lleno de un líquido extraño

Esta solución se aplica en especial a los participios, así como a los adjetivos con forma de participio:

- *leaves **brought in by the wind***   hojas traídas por el viento
  *people **interested in sports***   gente que se interesa por el deporte
  *people **tired of living in town***   gente cansada de vivir en la ciudad

104. Adjetivos que nunca son epítetos

Adjetivos en *a-*: *afraid, alike, alone, ashamed, alive, asleep, awake*.

Algunos adjetivos aplicados a la salud o al humor de una persona: *ill* y *well* (en inglés británico), así como *cross* (enfadado) y *glad*.

Estos adjetivos se emplean en función de atributo:

- *The dog is asleep. / The dog is ill.*

Si se tiene necesidad de emplear un epíteto, es preciso:

- bien cambiar de adjetivo: *the sleeping dog, the sick dog*;

- bien formar una proposición de relativo: *the dog that is asleep, the dog that is ill.*

105. Expresiones de medida (edad, tamaño, dimensión)

Compárese:

- *This girl is **twenty years old**.*   Esta chica tiene veinte años.
  *He met a **twenty-year-old girl**.*   Conoció a una chica de veinte años.

- La construcción ***twenty years old*** (expresión de medida en posición de **atributo**, sin guiones, unidad de medida en **plural**) se relaciona con preguntas del tipo *How old/tall/long/deep is...?* (Qué edad/tamaño/longitud/profundidad tiene...?).

- *'How old is the girl?''(She´s) twenty (years old).´*
  'How long is the river?''Two hundred kilometers (long).´

- La construcción *a **twenty-year-old** girl* (expresión de medida colocada **antes** del nombre, con **guiones**, unidad de medida en **singular**) es del tipo de nombres **compuestos** (➡ 120). El adjetivo (*tall*, etc.) puede estar sobreentendido:

- *a six-foot man*   un hombre de seis pies (un metro ochenta)
  a tree-hour meeting   una reunión de tres horas
  a two-litre car   un coche de dos litros (de cilindrada)

106. Adjetivos que se convierten en nombres

En inglés (a diferencia del español), un adjetivo no puede emplearse como nombre salvo en dos casos muy precisos (ver a continuación). Fuera de estos dos casos, todo adjetivo debe acompañar un nombre, o bien el pronombre *one*:

- Afortunada, no trabaja hoy.   ***Lucky girl**, she´s not working day.*

  El precio del florero grande es interesante, pero prefiero el pequeño.
  *The price of the big vase is attractive, but I prefer **the small one**.*

Un adjetivo no puede funcionar como un nombre más que **precedido del artículo *THE***. Hay dos posibilidades:

1. *THE* + adjetivo = grupo de personas

- *There are plenty of facilities for **the young**.*
  Hay muchas oportunidades para los jóvenes.
  ***The injured** were rushed to hospital*
  Los heridos fueron transportados al hospital.

El **adjetivo permanece invariable**, pero el grupo *THE* + adjetivo tiene un **sentido plural** (notar la concordancia del verbo).
Hay que recordar que esta utilización del adjetivo sólo es posible con el determinante *the*; por tanto, "Había heridos en el autobús" → *There were some injured passengers in the bus*.

2. *THE* + adjetivo = noción abstracta

● **The ridiculous** is only one step from **the sublime**.
Lo ridículo sólo está a un paso de lo sublime.

107. Adjetivos y nombres de nacionalidad

1. Los adjetivos *English, Irish, Welsh* (galés), *French* y *Dutch* (holandés) pueden emplearse como nombres siguiendo las mismas reglas que los demás adjetivos (➡ 106.1).

● *The English are keen on sports.*	A los ingleses les gustan los deportes.
two Englishmen	dos ingleses
a tall English woman	una inglesa alta

2. Para los adjetivos en *-ese* (*Chinese, Portuguese,* etc.) y **Swiss**, hay un nombre de la misma forma, que en plural permanece **invariable** (sin terminación en *-s*):

● *The Japanese invented jujitsu.*	Los japoneses inventaron el jiu-jitsu.
two Japanese, two rich Japanese	

3. Para los adjetivos en *-an* e *-i* (*German, Iraki,* etc.) y para **Greek**, hay un nombre de la misma forma que adopta *-s* en plural:

● *The Germans, two (rich) Germans*

4. En los demás casos, el adjetivo y el nombre tienen diferente forma: *Swedish* (sueco), *a Swede* (un sueco/una sueca); *Polish* (polaco), *a Pole*; etc.

108. Adjetivos compuestos

Hay varios procedimientos de formación de adjetivos compuestos, sobre todo:

- Nombre o adverbio + V *-ing*:

● *a time-consuming activity*	Una actividad que requiere mucho tiempo
a timesaving device	un aparato que hace ganar tiempo
a hard-working man	un hombre que trabaja mucho

- Nombre/adverbio + participio pasado:

● *a handmade vase*	un jarrón hecho a mano
a well known fact	un hecho bien conocido

- Adjetivo + nombre + *-ed*:

● *a bad-tempered man*	un hombre con mal carácter
a low-ceilinged room	una habitación de techo bajo

- Nombre + adjetivo:

● *a tax-free product*	un producto libre de impuestos
an airsick passenger	un viajero con mal de altura

- Adjetivo + nombre:

● *high-grade cloth*	tejido de primera calidad

Estos procedimientos no pueden ser utilizados de forma absolutamente libre para crear palabras nuevas. Por lo tanto es prudente emplear únicamente los adjetivos compuestos conocidos previamente.

omparativos y superlativos

El comparativo y el superlativo son parientes, pero no hay que confundirlos porque en inglés tienen formas distintas. Compárese:

- *Japanese cars are **more economical** than American cars* (Comparativo)
  Los coches japoneses son más económicos que los coches americanos.

*This is the **most economical** car on the market.* (Superlativo)
Es el coche más económico del mercado.

Las reglas del comparativo y del superlativo se aplican no solamente a los adjetivos y a los adverbios, sino también a los nombres y a los verbos mediante la utilización de *more/most* y *less/least* (*He worked more/He worked the most*, etc.).

109. Formas de los comparativos y superlativos

- **Comparativos y superlativos de superioridad** (más, el más)

Se distingue entre adjetivos/adverbios cortos y adjetivos/adverbios largos. Los adjetivos/adverbios cortos adoptan la **terminación *-er/-est***. Son los adjetivos de una sola sílaba y algunos adjetivos de dos sílabas, sobre todo los que terminan en *-y* (*happier, prettier*), *-er* (*cleverer*) y *-le* (*gentler, simpler*). Modificaciones ortográficas: las mismas que para la terminación *-ed* de los verbos (➠ 13).

Los adjetivos/adverbios largos (es decir, los demás) están precedidos por ***more/most***.

Tipo de adjetivo o adverbio	comparativo	superlativo
corto *small*	***-er*** *smaller*	***-est*** *(the) smallest*
largo *expensive*	***more*** *more expensive*	***most*** *(the) most expensive*
irregulares *good, well* *bad(ly), ill* *far*	*better* *worse* /wɜːs/ *farther, further*	*(the) best* *(the) worst* /wɜːst/ *(the) farthest/furthest*

- **Comparativo de inferioridad** (menos): *less tall, less expensive*.

- **Superlativo de inferioridad** (el menos): *(the) least tall, (the) least expensive*.

- **Comparativo de igualdad** (tan): *as tall/expensive*. (Negación: *not as tall/expensive* o *not so tall/expensive*.

110. Frases con comparativos

1. En las frases de comparativo, se llama **término de referencia** al término con el que se establece la comparación: se trata de *John* en *He is taller than John* (Él es más alto que John) o en *He runs as fast as John* (Él corre tan rápido como John).

El término de referencia es introducido por ***than*** para los **comparativos de superioridad y de inferioridad**, y por ***as*** para el **comparativo de igualdad**:

• *New York is larg**er than** Paris.*	Nueva York es más grande que París.
*Gold costs **more than** silver.*	El oro cuesta más que la plata.
*Silver is **less expensive than** gold.*	La plata es más barata que el oro.
*Is Paris **as** large **as** London?*	¿París es tan grande como Londres?
*I think that Paris is **not so/as** large as London.*	Creo que París no es tan grande como Londres.

No hay que confundir ***than*** con ***as*** ni ***than*** con ***that***.

2. Cuando el término de referencia es un **pronombre** con funciones de sujeto, es preferible bien sea darle la forma de complemento (en la lengua corriente), bien utilizar un auxiliar (lengua culta):

• *His son runs faster than **him**/than **he does**.*
Su hijo corre más rápido que él.

3. Los **adjetivos epítetos** permanecen siempre en su lugar delante del nombre cuando no tienen complemento: *They live in a **small** room/in a **smaller** room*. (Comparar con el español: en una habitación más pequeña.) Sin embargo, con una proposición de complemento los epítetos pueden, en ciertos casos, colocarse detrás del nombre: *a bigger house than mine / a house bigger than mine* (una casa más grande que la mía).

4. El comparativo de los **verbos** no plantea muchos problemas (*He works more than John/less than John/as much as John*). El comparativo de los **nombres** plantea algunos más. Para el comparativo de igualdad, hay que tener cuidado con la diferencia entre contables y no contables:

• *He made **as many mistakes/as much progress** as Ted.*
Hizo tantos fallos/tantos progresos como Ted.

Para el comparativo de inferioridad, la lengua culta utiliza *fewer* (y no *less*) para los **contables**: *He made fewer mistakes than Ted*.

5. La expresión *the same.. as* (*We met the same people as last time* = Hemos encontrado las mismas personas que la última vez) es una forma de comparativo (por lo tanto, se construye con *as*).

111. Frases con superlativos

El superlativo establece una comparación en el interior de un conjunto, de un lugar, etc., que es representado por un **grupo preposicional** o por una **proposición relativa** (introducida por *THAT* o por "cero"):

- *Mario´s is the best restaurant **in town**.*
  Mario´s es el mejor restaurante de la ciudad.
  *The richest man **in the world** couldn´t buy this picture.*
  El hombre más rico del mundo no podría comprar este cuadro.
  *This is the most economical car **(that) I have ever driven**.*
  Éste es el coche más económico que yo he conducido nunca.

Para los grupos preposicionales (*in town*, etc.), el empleo de la preposición *of* está prácticamente limitado al sentido de "entre" (*He is the tallest boy of all*).

Los adjetivos epítetos permanecen siempre en su lugar **antes del nombre**: *an important treaty, the most important treaty*.

Con los adverbios o los verbos se suprime frecuentemente *the* delante de la forma de superlativo, y ello no cambia el sentido: *Who works (the) most here?* (¿Quién trabaja más aquí?).

En cambio, **delante de los adjetivos** hay una gran diferencia de sentido entre *the most* (superlativo) y *most* (adverbio que tiene el sentido de muy):

- *His film was **the most interesting**.*   Su película era la más interesante.
  *His film was **most interesting**.*   Su película era muy interesante.

Cuando la comparación se efectúa en un grupo reducido a **dos** elementos, se emplea un **comparativo**, y no un superlativo:

- *I´ll take **the larger** size.*   Voy a coger la talla más grande (de las dos propuestas).

Por la misma razón, se dice: *the younger generation* (la joven generación, oposición implícita con la generación que no es joven), *the upper storeys* (las plantas superiores), *the upper classes*.

112. Variación paralela

- ***The more cigarettes** you smoke, **the more difficult** it gets to quit.*
  Cuantos más cigarrillos fumas, más difícil es parar.
  ***The faster** you work, **the less efficient** your work is.*
  Cuanto más rápido trabajas, menos eficaz es tu trabajo.

Atención al **orden de las palabras**: cuando la comparación recae sobre un adjetivo, un adverbio o un nombre, estas palabras deben ir **al principio** de la proposición, inmediatamente después de *the* (*more/less*). La primera proposición no puede contener *WILL/SHALL* de sentido futuro (como las subordinadas de tiempo y de condición), (➡ 58):

- *The less you **smoke**, the better your health will be.*
  Cuanto menos fumes, mejor será tu salud.

113. Variación progresiva

La variación progresiva es indicada por un doble comparativo:

- *Petrol is getting **more and more expensive**.*
  La gasolina es cada vez más cara.

Cuando el adjetivo o el adverbio es breve, debe repetirse:

- *It´s **harder and harder** to find seats on the train.*
  Cada vez es más difícil encontrar asientos en el tren.

Construcciones con varios nombres

114. Construcción nombre + preposición + nombre *(THE MAN WITH THE BEARD)*

La preposición puede ser *OF:*

- *the death **of** the President, the importance **of** the question...*

En este caso se presenta a veces el problema de elegir entre esta construcción y el genitivo [*the President´s death* (➡ 116)].

La preposición también puede ser *IN, FOR*, etc.; no hay forzosamente paralelismo con el español.

- *her interest **in** music*   su interés por la música
  *the search **for** the lost child*   la búsqueda del niño desaparecido
  *his absence **from** the meeting*   su ausencia de la reunión
  *the solution **to** the problem*   la solución del problema

A propósito de *OF*, hay que señalar los siguientes usos especiales (que no siempre tienen su equivalente exacto en el **de** español):

- *It´s your fool of a brother who´s calling.*
  Es el imbécil de tu hermano quien llama.
  It was a gem of a car.   Era una joya de coche.
  There were ten of us at the party.   Éramos diez en la fiesta.

115. El genitivo: forma

La marca del genitivo es la terminación *´s* (*our neighbour´s house* = la casa de nuestro vecino), que se pronuncia exactamente de la misma forma que la terminación del plural regular (➡ 74). Sin embargo, a continuación de los nombres que tienen ya la terminación *-s* de un plural regular, el genitivo se marca simplemente por medio de un **apóstrofe**: *our neighbours´ house* (la casa de nuestros vecinos). Obsérvese que esta excepción no concierne a los nombres en singular terminados en *s* (*the actress´s impresario*), ni evidentemente a los nombres que tienen un plural irregular (*the children´s father*).

El genitivo puede referirse a un **grupo de palabras**, y la marca *´s* se coloca entonces después de la última palabra del grupo: *the King of Denmark´s visit*. De la misma forma, *´s* puede colocarse a continuación de una sigla (serie de iniciales): *UNESCO´s Secretary*.

116. El genitivo determinativo *(JOHN´S CAR)*

Este tipo de genitivo es el que se usa más comúnmente. Ocupa el lugar de un determinante:

● *Did you see **John´s** car?/Did you see **a** car?/Dis you see **the** car?*

El genitivo no puede ser seguido de *the* (que, en cierto modo, sería redundante); y, si se forma a partir de un nombre propio como *John* (*John´s car*), la utilización de *the* queda totalmente excluida (tanto delante como detrás del genitivo). Esto pone en evidencia el papel de *the* en:

● *Did you see the doctor´s car?*

La comparación con *John´s car* demuestra que, en *the doctor´s car*, el artículo *the* concierne a *doctor*, y no a *car*. La estructura es: *[the doctor] ´s car*. Si se utiliza un adjetivo, hay que prestar atención a su lugar:

● *the new doctor´s car*	el coche del nuevo doctor
= *the doctor´s new car*	el coche nuevo del doctor

En lo que respecta a la elección entre el genitivo y la construcción con *OF*, hay que tener en cuenta lo siguiente:

1. El genitivo se utiliza (pero, como veremos, no de forma absolutamente obligatoria) para los nombres que designan personas. También puede ser utilizado con los nombres que designan animales (*the cat´s tail* = la cola del gato), y en los casos siguientes:

- Nombres de lugares, instituciones, objetos, etc. relacionados con una actividad humana: *Britain´s exports*, *New York´s tallest building*, *his heart´s condition* (el estado de su corazón), *the car´s petrol consumption*.

- Palabras que indican un punto de referencia en el tiempo (*today*, *last year*, etc.): *yesterday´s weather forecast* (la previsión meteorológica de ayer), *next month´s TV shows*, *last year´s results*. Contrariamente al genitivo de medida (➠119), este genitivo nunca puede ser sustituido por un nombre compuesto.

2. En muchos casos son posibles las dos construcciones (*the death of the President* o *the President´s death*), pero no se las emplea en los mismos contextos. La elección viene determinada por el principio siguiente: la forma nombre + *OF* + nombre sirve para **construir** una relación entre dos nombres, mientras que el genitivo no hace más que **retomar** una relación que es vista como **ya construida**. Así, en *the death of the President*, se nos coloca mentalmente *antes* de la muerte del Presidente; por ejemplo si la expresión es utilizada como titular de un artículo que va a contar esa muerte, o también en una frase como *The death of the President would be a tragedy* (La muerte del Presidente sería una tragedia). Con *the President's death*, en cambio, se nos coloca mentalmente *después* de esa muerte; por ejemplo en *The President's death was a tragedy* (La muerte del Presidente fue una tragedia).

117. Genitivos que no son seguidos por un nombre *(HE IS AT THE GROCER'S)*

En todos los casos, esta construcción corresponde a la **desaparición** (es decir a la supresión) del nombre principal.

1. Construcciones del tipo *If you want a bike, take **Sonia's**.* (Si quieres una bici, coge la de Sonia).

La desaparición puede corresponder a un nombre del contexto inmediato (*bike* en el ejemplo precedente). En algunos casos, sin embargo, no corresponde a ningún nombre en particular. Así, puede decirse:

- *Is this book Sonia's?*   ¿Es de Sonia este libro?

donde *Sonia's* representa al conjunto de objetos que pertenecen a Sonia (➡ 117.3, donde *Sonia's* tiene el mismo valor).

2. Expresiones del tipo *at **the grocer's**, at **the dentist's**, at **John's*** ...; la desaparición corresponde a un lugar de trabajo, una casa, etc.

- *He won't be a minute, he's gone to **the butcher's**.*
  Volverá en seguida, ha ido a la carnicería.
  *I saw the same armchair at **the Wilsons'**.*
  Ví el mismo sillón en casa de los Wilson.

Pertenecen a la misma categoría: *St Paul's (Cathedral)*, *Selfridge's (stores)*, etc.

3. Genitivo precedido de *OF*:

- *The house belonged to a friend **of Sonia's**.*
  La casa pertenecía a un amigo de Sonia.
  *Did you meet that husband of **Sonias's**?*
  ¿Has encontrado a esa especie de marido de Sonia?

En los dos ejemplos, *of* tiene el sentido de entre, y la forma *Sonia's* (con un vacío a continuación del genitivo) designa el conjunto de lo que pertenece a Sonia. (Cf. el equivalente de *a friend of Sonia's* en español familiar: un amiguito de Sonia.) El segundo ejemplo ilustra el valor llamado afectivo de *of* + genitivo; el matiz de irritación, de burla, etc. está de hecho ligado al empleo de *that* y al contexto.

También se encuentra esta construcción con el genitivo en la 2ª forma de los pronombres [*mine/yours/...* (➡ 121)]: *a friend of mine* (un amigo mío), *that husband of hers* (su especie de marido), etc.

118. Genitivo clasificador *(A BUTCHER´S KNIFE)*

Compárese:

- *He bought a butcher´s knife.*   Compró un cuchillo de carnicero.
  (genitivo **clasificador**)
  I met the butcher´s wife.   Me encontré a la mujer del carnicero.
  (genitivo **determinativo**)

Los genitivos clasificadores (*butcher´s knives, children´s books, lamb´s wool*, etc.) definen subcategorías de objetos (cuchillos) de carnicero, (libros) para niños, (lana) de cordero, etc.

El determinante que los precede no desempeña el mismo papel que en el caso del genitivo determinativo: se añade al nombre principal. La estructura de *He bought a butcher´s knife* es *He bought a [butcher´s knife]*.

Por otra parte, mientras que con el genitivo determinativo es el nombre principal el que lleva el acento principal (*I met the butcher´s WIFE*), con el genitivo clasificador es en general el nombre en genitivo el que lleva ese acento: *He bought a BUTCHER´S knife*. [El genitivo clasificador muestra aquí su parentesco con los nombres compuestos, que se acentúan de forma parecida (➡ 120)].

Fuera de contexto, una frase como *Where are the children´s books?* es ambigua: puede tener el sentido de ¿Dónde están los libros de los niños? (genitivo determinativo), o el de ¿Dónde están los libros para niños? (genitivo clasificador). La forma oral no es ambigua: hay un acento en *books* en el primer caso, y sobre *children´s* en el segundo.

119. Genitivo de medida *(THREE YEARS´ EXPERIENCE)*

Este genitivo es utilizado para una medida de **tiempo** o de **distancia**:

- *He has three years´ experience in banking.*
  Él tiene tres años de experiencia en la banca.

  We took two hours´ break.   Hicimos una pausa de dos horas.

  Thirty kilometres´ journey doesn´t frighten him.
  Un viaje de treinta kilómetros/Treinta kilómetros de viaje no le dan miedo.

Cuando el nombre principal es un **contable** (por ejemplo *break*), esta forma entra en competencia con el nombre compuesto: *We took a two-hour break*. Se observará que (contrariamente al genitivo) el nombre compuesto permanece invariable para la unidad de tiempo (*hour*), y que utiliza el artículo *A/AN* (*a two-hour break*).

La comparación entre las dos construcciones muestra que el genitivo de medida emplea, para el nombre principal (*experience, delay, journey,* etc.), el **determinante cero**; hace funcionar este nombre como un **no contable**:

- *We took **a [two-hour] break**.* (nombre compuesto)
  *We took [**two hours´] break**.* (genitivo de medida)

Palabra por palabra, el sentido de *a [two-hour] break* es: **una pausa** de dos horas. El de *[two hour´s] break* es: **la pausa**, de una duración de dos horas.

El genitivo de medida no puede ser sustituido por un nombre compuesto en los casos en que el nombre principal es un **no contable** (por ejemplo en el caso de *three years´ experience, two days´ work, five years´ imprisonment,* etc.); en efecto, los nombres *experience/work/imprisonment/...* serían incompatibles con el artículo *A/AN*, que el nombre compuesto obligaría a emplear.

Sin embargo, el genitivo de medida puede utilizar *A/AN* si la unidad de medida está en **singular**: *He has **a year´s experience**.* Pero, en este caso, hay que fijarse bien en la función de *A/AN:* reemplaza de hecho al numeral *one,* y evidentemente no se aplica al nombre principal *experience* (se aplica a *year*).

120. Nombres compuestos

La mayoría de los nombres compuestos se forman siguiendo el esquema nombre + nombre (*travel agency, bedroom, phone box*), aunque existen otros procedimientos de formación, como por ejemplo adjetivo + nombre: *a redhead* (un pelirrojo/una pelirroja). Algunos nombres compuestos se escriben en dos palabras (*travel agency*), otros en una sola palabra (*bedroom*); la utilización del guión es relativamente raro para los nombres compuestos de dos elementos, y a menudo facultativa (*coffee-cup* o *coffee cup*). Hay que tener en cuenta tres principios esenciales sobre los nombres compuestos.

1. En un nombre compuesto, el **último elemento** es el **nombre principal**. Así, para oponer *a race horse* y *a horse race* (un caballo de carreras / una carrera de caballos), se recordará lo siguiente: *a race horse is a **horse*** (un caballo de carreras), y *a horse race is a **race*** (una carrera de caballos).

2. En un nombre compuesto, todo nombre que precede al nombre principal desempeña un papel de adjetivo, y por consiguiente no adopta la marca del plural, salvo en algunos casos excepcionales, como *a goods train* (un tren de mercancías).

3. En general, un nombre compuesto se acentúa sobre su primer elemento (o, más concretamente, sobre la sílaba acentuada de su primer elemento): *a TRAVel agency, comPUTer science.*

En cierto número de casos, es imposible utilizar un nombre compuesto, y en consecuencia hay que emplear la construcción nombre + preposición + nombre:

- Para designar un subconjunto en el interior de una categoría de elementos. Así, se dirá *a group of people*, *a party of visitors*, *a flock of seagulls* (una bandada de gaviotas).

- Para designar una parte delimitada en el interior de una masa no contable. Se dirá *a piece of information*, *a crust of bread* (un mendrugo de pan), *a mountain of gold*, etc. Ocurre igual si la delimitación se efectúa con ayuda de un recipiente: *a coup of tea* (distinguir bien de *a tea-cup*), *a bottle of milk*.

 os pronombres

En este apartado sólo examinaremos los pronombres personales e indefinidos. Los pronombres interrogativos aparecerán más adelante (➠ 128), así como los pronombres relativos (➠ 171).

121. Pronombres personales y posesivos

	sujeto	complemento	genitivo 1	genitivo 2 [posesivos]
Singular				
1ª persona	I	me	my	mine
2ª persona	you	you	your	yours
3ª persona				
masculino	he	him	his	his
femenino	she	her	her	hers
neutro	it	it	its	
Plural				
1ª persona	we	us	our	ours
2ª persona	you	you	your	yours
3ª persona	they	them	their	theirs

Los pronombres del genitivo 1 (tradicionalmente llamados adjetivos posesivos) desempeñan el papel de **determinantes**. Concuerdan en género y en número con el GN al que representan (y no con el objeto poseído):

● *his/her book*   su libro (de él/de ella)
   his/her house   su casa (de él/de ella)
   his/her books   sus libros (de él/de ella)

Los pronombres del genitivo 2 (o pronombres posesivos) son dobles pronombres. Por una parte representan al poseedor (con el cual concuerdan), y por otra parte representan lo que es poseído; corresponden pues al grupo **determinante + nombre**:

- *If you compare Maggie´s bicycle with her sisters´, you´ll see that **hers** is better. (**hers** = Maggie´s bicycle/her bicycle)*
  Si comparas la bici de Maggie con la de sus hermanas, verás que la suya es mejor.

Se emplean posesivos tanto con los objetos ordinarios como con las partes del cuerpo:

- *She raised **her** hand/**her** racket.*   Ella ha levantado la mano/su raqueta.

Sin embargo, la regla no se aplica si el poseedor acaba de ser mencionado en forma de un complemento de objeto, o en forma de sujeto de una frase pasiva:

- *The bullet hit him in the arm.*   La bala le ha alcanzado en el brazo.
  He was hit in the arm.   Ha sido alcanzado en el brazo.

Si hay varios poseedores y también varios objetos poseídos, el nombre se pone en plural:

- *They raised their head**s**/their racket**s**.*
  Ellos han levantado sus cabezas/sus raquetas.

122. Pronombres reflexivos *(MYSELF, YOURSELF,* etc.)

	singular	plural
1ª persona	myself	ourselves
2ª persona	yourself	yourselves
3ª persona		
masculino	himself	themselves
femenino	herself	themselves
masc./fem. indefinido	oneself	
neutro	itself	themselves

Pronunciación: el acento recae sobre -*self/-selves* (*He cooked it himSELF*).

Se emplean los pronombres reflexivos cuando el sujeto y el complemento directo o indirecto representan a la misma persona (o al mismo objeto):

- *I didn´t hurt **myself**.*   No me he hize daño.

Sin embargo, esta regla no se aplica cuando el complemento es introducido por una preposición de lugar:

- *She closed the door **behind her**.*   Ha cerrado la puerta tras ella.

Con cierto número de verbos como *dress, wash, shave*, etc., que expresan una actividad habitualmente reflexiva (hecha sobre sí mismo), no se menciona el complemento:

- *She **dressed** for the party.*   Ella se vistió para la fiesta.

Por otra parte, los pronombres en *-self/-selves* pueden desempeñar la función de dar relevancia:

- *The president answered the letter himself.*
  El presidente ha contestado él mismo la carta.
  (Cuidado con el lugar del complemento de objeto)

123. Pronombres recíprocos *(EACH OTHER y ONE ANOTHER)*

Los pronombres recíprocos *each other* y *one another* (formas invariables) tienen un sentido equivalente:

- *They often lend money to **one another**/to **each other**.*
  Ellos se prestan a menudo dinero (uno a otro/unos a otros).

En los contextos donde la reciprocidad es evidente, no se emplea el pronombre recíproco; el verbo, por ejemplo *fight* o *meet*, es utilizado sin complemento:

- *The dogs **fought** savagely.*   Los perros se pelearon violentamente.

Cuidado con no confundir reflexivo y recíproco; la frase española ELLOS SE HAN CULPADO DEL ACCIDENTE tiene, según el contexto, dos traducciones posibles:

- *They blamed **themselves** for the accident.* (cada uno se ha culpado a sí mismo)
  *They blamed **each other** for the accident.* (cada uno ha culpado al otro/a los otros)

124. Determinantes y pronombres

La mayor parte de los cuantificadores *(SOME; ANY; MUCH*, etc.) pueden emplearse con un valor de pronombre: no se menciona por segunda vez, a continuación del cuantificador, un nombre ya mencionado.

- *There were lots of celebrities, and we managed to meet **a few**. (a few = a few celebrities)*
  Había muchas personas célebres, y pudimos conocer algunas.
  *You only gave me a little money, I'd like to have **more**. (more = more money)*
  Sólo me has dado un poco de dinero, quisiera tener más.
  *There were pineapples, and I bought **three**.*
  Había piñas, y compré tres.

Para la unidad, se emplea *one*:

- *My **pen** doesn't work well, I am going to buy **one** like yours.*
  Mi bolígrafo no funciona bien, voy a comprar uno como el tuyo.

En lugar de los posesivos *(my*, etc.) + nombre, se emplea la serie *mine/yours/his/hers/...*:

- *She loves caviar, so she ate mine.*
  Ella adora el caviar, así que se comió el mío.

En lugar de *no* + nombre (por ejemplo para *I wanted some food, but there was no food*), no se puede utilizar simplemente *no*; hay un pronombre especializado para esta sustitución, y es *none* /nʌn/, válido tanto para los contables (animados o inanimados) como para los no contables:

- *I wanted some food, but there was **none**.* Yo quería comida, pero no había.

En la lengua corriente, sin embargo, se prefiere generalmente ***not any***:

- *I wanted some food, but there wasn´t **any**.*

125. El pronombre *ONE(S)*

Para retomar un nombre contable añadiendo un **adjetivo** se emplea ***one-/ones*** (no pudiendo emplearse el adjetivo con un valor de nombre):

- *My pen doesn´t work well, I must buy **a new one**.*
  Mi bolígrafo no funciona, tengo que comprar uno nuevo.
  *When he bought his new bike he traded in **his old one**.*
  Cuando compró su nueva moto, vendió la vieja.
  *I´ll take **a big one**, and **three small ones** too.*
  Yo cogeré uno grande, y también tres pequeños.

Como se ve, *one(s)* sustituye al nombre, pero no puede reemplazar más que a un **contable**. Para los no contables, o bien se repite el nombre o bien se omite, pero no hay que emplear *one*:

- *This **whisky** isn´t very good, I must get **some Irish whisky**.*
  Este whisky no es muy bueno, tengo que comprar whisky irlandés.

Other puede ser utilizado con o sin *one(s)*:

- *I bought another (one).* Yo compré otro.
  I bought the other (one)/the other ones/the others.
  Compré el otro/los otros.

126. Los pronombres compuestos *SOMEBODY/ SOMETHING*, etc.

humanos	someone	anyone	no one	everyone
humanos	somebody	anybody	nobody	everybody
no humanos	something	anything	nothing	everything

Los elementos *SOME/ANY/NO/EVERY* utilizados aquí mantienen sus características de determinantes (➡ 85-91). Las formas *someone/ anyone/no one/everyone* y *somebody/anybody/nobody/everybody* son prácticamente intercambiables.

Cuando estos pronombres desempeñan la función de sujeto, la concordancia del verbo se realiza en singular (*Nobody/Everybody likes the film / Everything was normal*). Sin embargo, las repeticiones interrogativas (➡ 6) se realizan en plural con las series *someone/ somebody/* etc.: *Nobody heard the noise, did they?* Del mismo modo, cuando *someone/somebody/* etc. son retomados por un pronombre personal, se escoge generalmente el plural (lo que evita plantearse la elección entre *he* y *she*):

- *Somebody has parked their car in the drive.*
  Alguien ha aparcado su coche en la avenida.
  Has everyone finished their drinks?   ¿Todo el mundo ha vaciado su copa?

No hay que confundir **no one** con **none** (➡ 124). No confundir tampoco **everyone** (humanos solamente) con **every one of them** (humanos o no humanos):

- *I've seen her paintings. Every one of them is a beauty.*
  He visto sus cuadros. Cada uno de ellos es hermoso.

rases interrogativas, exclamativas y enfáticas

127. Frases interrogativas

Hay dos categorías de frases interrogativas:

- las preguntas que pueden tener *Yes* o *No* por respuesta (llamadas *Yes/No questions*;

- las preguntas con WH-, que son introducidas por una de las palabras interrogativas siguientes: *who, whom, whose, which, what, where, when, why, how*. (Por comodidad, se llama a todas estas palabras, incluida *how*, palabras en WH-.)

Como hemos visto (➡ 6), la construcción interrogativa emplea el orden auxiliar-sujeto, salvo cuando es introducida por una palabra o grupo interrogativo que es **sujeto** de la proposición: *Who left the door open?* (¿Quién dejó la puerta abierta?), *How many people came?* (¿Cuánta gente vino?), *What worries you?* (¿Qué te preocupa?), etc.

Las palabras interrogativas pueden ser precedidas de una preposición, pero esto es bastante raro, pues se prefiere generalmente colocar la preposición después del verbo y eventualmente de sus complementos:

- *What bank did you borrow that money from?*
  ¿En qué banco te prestaron ese dinero?

La forma *From what bank did you borrow that money?* pertenece a la lengua culta.

En la lengua corriente se puede utilizar *ever*, colocado a continuación de la palabra en *wh-*, para expresar una insistencia relacionada con la sorpresa, la irritación, etc.:

- *Where ever did you put that book?*
  ¿Así pues dónde pusiste/dónde pudiste poner ese libro?

No hay que confundir este uso con el de las palabras *wherever* (donde-quiera), *whoever* (quienquiera), etc. (➡ 167)

128. Palabras interrogativas

1. Whom, pronombre interrogativo que pertenece a un nivel de lengua muy elevado; en su lugar se utiliza *who*. Así, se dirá normalmente *Who did you meet?*, y no *Whom did you meet?*

2. Whose (que es el genitivo de *who*) es normalmente utilizado para preguntar quién es el poseedor de un objeto. Es este caso se emplea con BE (atención: no con *belong*).

- *Whose car is this?*   ¿De quién es este coche?
  Whose cars are these?   ¿De quién son esos coches?
  Whose is this?/Whose are these? ¿De quién es?

3. Which y **what** son parecidos, pero diferentes. Comparar las dos frases siguientes (que pueden equivaler las dos a ¿Qué color quieres?):

- **What** *colour do you want?*   **Which** *colour do you want?*

Con *which*, la elección propuesta recae sobre un conjunto de elementos que ya está limitado: por tanto, *Which colour...?* implica una elección entre colores que se muestran, o de los cuales se acaba de hablar, etc. Por esta razón, *which* puede ser seguido de *of* en construcciones como *Which of these/Which of the books do you prefer?*

Por otra parte, *which* interrogativo [a diferencia de *which* relativo, (➡ 171)] puede ser utilizado para una persona, incluso si no es seguido por un nombre; así, la frase *Which would you choose?* puede ser equivalente a *Which candidate would you choose?* (¿Cuál de los candidatos escogería usted?).

4. How es utilizado en numerosas expresiones interrogativas (*How far...?*, *How old...?*), cuyo equivalente español no siempre se construye siguiendo el mismo modelo:

- *How often do you change the filter?*   ¿Cada cuántos (kilómetros) cambias el filtro?

  How far is it to the station?   ¿Está lejos la estación? / ¿A cuánto está la estación?

  How much time do we have?   ¿Cuánto tiempo tenemos?
  How well do you know him?   ¿Tú le conoces bien?

129. Frases exclamativas

1. Construcciones exclamativas introducidas por *what* o *how*
Son las construcciones exclamativas propiamente dichas. Se parecen a

las construcciones interrogativas de las preguntas en WH-, dejando aparte de que **no utilizan la inversión auxiliar-sujeto**:

- *What a surprise **it was**!*   ¡Qué sorpresa fue!
  *What a strange story **he told us**!*   ¡Qué extraña historia contó!
  *How tired **she looks**!*   ¡Qué cansada parece!

Hay que prestar atención a orden de las palabras (compárese con el español) y a las categorías de palabras compatibles con *what* y con *how*:
- ***What*** se construye con un **nombre** (*What a **surprise**!*) que puede estar precido de un adjetivo (*What a **strange story**!*). La utilización de los determinantes Ø y *A/AN* obedece a las reglas habituales (➡ 81-82). Se emplea obligatoriamente *A/AN* (que se coloca después de *WHAT*) con un nombre contable en singular:

- *What a strange custom!*   ¡Qué extraña costumbre!

Se emplea obligatoriamente el **determinante Ø con un no contable en singular**, y también, evidentemente, con un contable en plural:

- *What strange behaviour!*   ¡Qué extraña conducta!
  What strange weather!   ¡Qué tiempo más raro!
  What strange clothes!   ¡Qué extrañas ropas!

- ***How*** es seguido generalmente por un **adjetivo** que puede estar solo:

- *How strange!*   ¡Qué extraño!

2. Construcciones exclamativas formadas con *such* o *so*

Hay que subrayar que las construcciones de *such* son paralelas a las de *what*, y las construcciones de *so* paralelas a las de *how*:

- *It´s **such** a strange **story**!*   ↔ ***What** a strange **story** (it is)!*
  ¡Es una historia tan extraña!   ¡Qué extraña historia!

  *It´s **so strange**!*   ↔ ***How strange** (it is)!*
  ¡Es tan extraño!   ¡Qué extraño!

Las reglas de uso de *A/AN* o Ø son también las mismas: *It´s such strange weather! / They are such curious people!/*, etc.

So puede ser utilizado igualmente en la lengua normal para modificar un verbo: *I love her so!* (¡Cuánto la quiero!).

130. Frases enfáticas

La construcción enfática expresa una insistencia no sobre un nombre, un adjetivo o un adverbio (como en la construcción exclamativa), sino sobre un **auxiliar**: *I think he CAN help us.* Por tanto, para el presente y el pretérito simpes (*He works/He worked*), la construcción enfática requiere la utilización del auxiliar *DO*: *He **does** work, He **did** work.*

Es importante comprender que la forma enfática no permite expresar cualquier tipo de insistencia sobre un verbo o un elemento verbal. Compárense los dos diálogos siguientes (que corresponde, en la traducción española, a una insistencia sobre el verbo):

- *'You shouldn't eat so much sugar.'*   *'I know, but I LIKE sugar!'*
- No deberías comer tanto azúcar.   – ¡Lo sé, pero ME GUSTA el azúcar!

- *'I thought that maybe you didn't like sugar...'*   *'But I DO like sugar!'*
- Yo creía que quizás no te gustaba el azúcar.   – ¡Pero ME GUSTA el azúcar!

El empleo del *DO* enfático no sería posible en el primer diálogo. En cambio, es completamente normal en el segundo, donde la construcción con *DO* **retoma** la proposición *I like sugar*; esta proposición ha sido mencionada y puesta en duda en la frase precedente, y vuelve a recurrirse a ella para decir con fuerza que es verdad. De forma general, para que el *DO* enfático pueda ser utilizado, es preciso que la proposición a la que se refiere haya sido **negada o puesta en duda** en el contexto precedente (o que se la **presente** como habiendo sido negada o puesta en duda).

Los complementos de los verbos

131. Verbos no seguidos de un complemento

Puede tratarse de verbos **intransitivos**, es decir de verbos que, lógicamente, carecen de complemento de objeto: *She swam* (Ella nadó), *He sneezed* (Él estornudó). También puede tratarse de verbos **transitivos**, que lógicamente necesitan un complemento de objeto, en los casos siguientes:

- Objeto evidente:

- *Don't disturb me when I am reading.*   No me molestes cuando estoy leyendo.

Muchos verbos españoles pueden emplearse sin complemento (Podría sorprender. / Gustó.), pero ese no es el caso de sus equivalentes ingleses: se dirá *It might shock people / People liked it.*

- Sentido reflexivo evidente:

- *They dressed carefully before the ceremony.*
  Se vistieron cuidadosamente antes de la ceremonia.

- Sentido recíproco evidente:

- *They parted after a few years.*
  Se separaron después de algunos años.

132. Construcciones con atributo de sujeto

El atributo (introducido por *BE* o por un verbo de enlace como *seem* o *become*) puede ser un adjetivo o un nombre. Los nombres contables están generalmente precedidos por un artículo.

.He is/He became a journalist.   Él es/Él se hizo periodista

El verbo puede indicar un estado (*appear, sound*) o un cambio de estado (*fall, grow, become*).

- *He **sounded** tired.*   (Por su voz) se le oía cansado.
  *The children **fell** asleep.*   Los niños se durmieron.
  *They **grew** tired of living in the country.*   Se cansaron de vivir en el campo.

Verbos de enlace que expresan un estado: *appear, feel, keep, look, prove, remain, seem, smell, sound, stay, taste*, etc.

Verbos de cambio de estado: *become, fall, go, get grow, turn*, etc.

133. Verbos seguidos de un complemento directo (sin preposición)

Habrá que tener cuidado con los verbos que son transitivos directos en inglés cuando sus equivalentes españoles son indirectos:

- *Only the best pupils **answered** that question.*
  Sólo los mejores alumnos han respondido a esta pregunta.
  *The Prime Minister **answered** several Opposition backbenchers.*
  El Primer Ministro ha respondido a varios diputados de la oposición.

Lista: *answer, approach, attend* (asistir a alguien), *enter, fit* (convenir a alguien), *lack, oppose, play* (tocar un instumento), *remember, resist, suit* (venir bien a alguien), *survive, trust* (confiar en alguien), *use* (servirse de alguien).

En inglés, **el GN complemento de objeto debe seguir inmediatamente al verbo**. No debe (salvo imposibilidad de hacer otra cosa) estar separado de él por un adverbio u otro complemento:

- Ella habla bien el inglés.   *She speaks English well.*
  Él ha puesto sobre la mesa un gran trozo de pan.
  He put a big chunk of bread on the table.

134. Verbos seguidos de un complemento indirecto (con preposición)

En este caso tampoco hay una correspondencia forzosa con los verbos españoles de sentido equivalente:

- *Are you **looking for** something?*   ¿Busca alguna cosa?
  *I don´t **care for** French food.*   No me gusta la cocina francesa.
  *Never **part with** your passport.*   No se separe nunca de su pasaporte.

Lista: *account for sth.* (responder de*), *aim at sth.* (apuntar), *ask for sth., care for sth.* (apreciar), *deal with sth.* (tratar de algo*), *hope for sth.,*

listen to sth., look after sth. (ocuparse* de), *look at sth., look for sth.*
(buscar), *part with sth.* (separarse* de), *pay for sth.* (pagar algo), *stare at
sth.* (mirar fijamente), *wait for sth.*

Los verbos que en español pueden ponerse en pasiva llevan un *. (➡150)

135. Verbos con dos complementos

Para los verbos con dos complementos hay dos tipos de esquemas de frase:

a. Un esquema donde **el segundo complemento es indirecto**:
Sujeto + Verbo + **GN** + **prep.** + **GN**.

b. Un esquema donde **los dos complementos son directos**:
Sujeto + Verbo + **GN** + **GN**.

Hay cuatro categorías de verbos, definidos según los esquemas en los
cuales pueden entrar:

	a: sujeto + verbo + GN + prep. + GN	b: sujeto + verbo + GN + GN
1	*She gave some sweets to the children.*	*She gave the children some sweets.*
2	*I´ve cooked a special meal for you.*	*I´ve cooked you a sepecial meal.*
3	*He reminded me of his name.* *The parents explained the problem to them.*	
4		*The bank refused him a loan.*

Con los verbos de las dos primeras categorías (GIVE y COOK) se puede
pasar del esquema **a** al esquema **b**; para ello, basta con invertir los dos GN
complementos y suprimir la preposición. Sin embargo, el cambio no se
realiza de la misma forma para GIVE y para COOK.

1. Verbos del tipo *GIVE*

Los verbos de esta categoría, que entran en los dos esquemas, tienen dos
construcciones pasivas:

● *The best competitors were awarded symbolic prizes.*
Los mejores competidores fueron recompensados con premios simbólicos.
Symbolic prizes were awarded to the best competitors.
Premios simbólicos fueron concedidos a los mejores competidores.

Lista: *award, bring, feed, give, grant, hand, leave, lend, offer, owe, pass,
pay, prescribe, promise, read, sell, send, show, teach, tell, throw,* etc.

Como se ve, todos estos verbos expresan una acción consistente en
transmitir algo, y el objeto "transmitido" se corresponde siempre con el
primer elemento del esquema **a**.

El esquema indirecto **a** es obligatorio cuando el complemento que representa al objeto transmitido está representado por un **pronombre**:

● *She gave **them** to the children.*

2. Verbos del tipo *COOK*

Los verbos de este tipo tienen también dos esquemas, pero a diferencia de los del tipo *GIVE*, se construyen con la preposición *for*, y no tienen más que una forma pasiva:

● *A special meal was cooked for the children.*

Lista: *buy, cash, choose, cook, do, fetch, find, get, make, order, paint, play, pour, reach, reserve, save, spare, write,* etc.

3. Verbos del tipo *EXPLAIN*

Estos verbos sólo poseen el esquema **a**. No aparecen en ningún caso en el esquema **b** con dos complementos directos. Por tanto hay que desconfiar de su parecido con los verbos del tipo *GIVE*: no es posible, como con *GIVE*, invertir los complementos y suprimir la preposición. Por otra parte, estos verbos sólo tienen una forma pasiva:

● *He described that strange landscape to us.*
  Nos describió ese curioso paisaje.
  The problem was explained to the class.
  El problema fue explicado a la clase.
  (Única pasiva posible)

Lista de verbos del tipo *EXPLAIN*:

- con *to*: *add sth. to sth., address sth. to sb. announce sth. to sb, describe sth. to sb., explain sth. to sb., introduce sb. to sb.* (presentar), *say sth. to sb., suggest sth. to sb., supply sth. to sb.* (suministrar), etc.

- con *from*: *borrow sth. from sb., buy sth. from sb., steal sth. from sb.* (robar), *take sth. from sb.,* etc.

- con *for*: *ask sb. for sth., blame sb. for sth., thank sb. for sth., provide sth. for sb., pay sb./sth. por sth.,* etc.

- con *of*: *accuse sb. of sth., deprive sb. of sth.* (privar), *inform sb. (of sth.), remind sb. of sth.* (recordar algo a alguien), *rob sb. of sth.* (robar), etc.

- con *with*: *charge sb. with sth.* (acusar), *trust sb. with sth.* (confiar), *provide sb. with sth.* (proporcionar), *serve sb. with sth., supply sb. with sth.,* etc.

- con *on*: *blame sth. on sb., congratulate sb. on sth.* (felicitar), etc.

Como puede verse, no siempre hay paralelismo con el español. Advertir en especial cómo los verbos como *steal* o *borrow* utilizan, de forma completamente lógica, la preposición *from*:

● *They had to borrow ten thousand dollars from the bank.*

4. Verbos del tipo *REFUSE*

Estos verbos no aceptan más que el esquema **b** con dos complementos directos:

● *The customs officers asked us several embarrassing questions.*
  Los aduaneros nos hicieron varias preguntas embarazosas.

Lista: *allow, ask, charge, cost, deny, envy, fine, forgive, refuse, wish,* etc.

Con el verbo **ask**, la persona a la que se ha preguntado/pedido está siempre representada por un complemento **directo**, pero para los demás complementos **ask** tiene dos tipos de construcción.

a. La **pregunta realizada** está representada por un complemento **directo**:

- *They asked **a question**.*   Ellos hicieron una pregunta.
  *They asked **the teacher**.*   Ellos preguntaron al profesor.
  *They asked **the teacher an embarrassing question**.*
  Hicieron una pregunta embarazosa al profesor.

b. **Lo que se espera obtener** está representado por un **complemento con *for***:

- *They asked **for more money**.*   Ellos pidieron más dinero.
  *They asked **the boss for more money**.*
  Pidieron más dinero al jefe.

136. Construcciones con atributo del complemento

El atributo puede ser un nombre o un adjetivo. El verbo puede representar ya sea una opinión, ya sea una acción que provoca un cambio de estado:

- *They consider her **the best specialist in the field**.*
  Ellos la consideran la mejor especialista en ese terreno.
  (Opinión, y el atributo es un nombre.)

- *They have elected him **president of the Athletic Club**.*
  (Cambio de estado, y el atributo es un nombre.)
  *They find the work **hard**.*   Encuentran el trabajo difícil.
  (Opinión, y el atributo es un adjetivo.)
  *The idea drove him **crazy**.*   La idea le volvió loco.
  (Cambio de estado, y el atributo es un adjetivo)

Verbos de opinión: *believe, declare, find, hold, imagine, like, prefer, prove, suppose, think*, etc.

Verbos de cambio de estado: *drive, get, make, send, turn*, etc.

137. Los esquemas resultativos

Estos esquemas son muy característicos del inglés. Hay que aprender a entenderlos antes de utilizarlos por sí mismo. Son de dos tipos:

1. Esquemas resultativos con complemento (transitivos)
Sujeto + V + GN + **adjetivo**:

- *He kicked the door **open**.*   Él abrió la puerta a patadas.

Sujeto + V + GN + **adverbio**:

- *He kicked the dog **out**.*   Expulsó al perro a patadas.

Sujeto + V. + GN + **prep. + GN**:

- *He kicked the dog **out of the kitchen**.*
  Expulsó al perro de la cocina a patadas.

2. Esquemas resultativos sin complemento (intransitivos)

Sujeto + V + **adjetivo**:

- *He struggled **free**.*   Se liberó forcejeando.

Sujeto + V + **adverbio**:

- *The car screeched **away**.*
  El coche se alejó con un chirrido de neumáticos.

Sujeto + V + **prep. + GN**:

- *The car screeched **out of the garage**.*
  El coche salió del garaje con un chirrido de neumáticos.

En todos los casos, el verbo representa la manera como es obtenido el resultado.

138. Los verbos con partícula y verbos preposicionales

No hay que confundir estas dos categorías de verbos.

1. Los **verbos con partícula** se forman combinando un verbo y una **partícula adverbial** (a veces llamada también postposición). El sentido obtenido puede ser imprevisible.

Hay verbos con partícula intransitivos (sin complemento de objeto):

- *Our car **broke down**.*   Nuestro coche se averió.

Hay verbos con partícula transitivos (con complemento de objeto):

- *Did you **make up** that story.?*   ¿Tú inventaste esa historia?

2. Los **verbos preposicionales** son verbos transitivos indirectos, formados añadiendo un **grupo preposicional** (preposición + GN) a un verbo. El sentido combinado puede igualmente ser imprevisible:

- *She'll look **after you**.*   Ella se ocupará de ti.

Es importante distinguir bien las dos construcciones. Algunas palabras (por ejemplo *on*, *over*, *up*) pueden ser tanto preposiciones como partículas adverbiales; pero, a pesar de ello, la diferencia es clara, incluso en el caso de construcciones muy parecidas a primera vista, como *She turned on the radio* (Ella ha encendido la radio =**verbo con partícula**) y *The car turned on the square* (El coche ha rodeado la plaza =**verbo seguido de un grupo preposicional**).

En primer lugar, la partícula se reagrupa con el verbo, mientras que la preposición se reagrupa con el GN complemento:

- *[She turned on] the radio.*
  The car turned [on the square].

Esto tiene una consecuencia sobre la acentuación: la partícula forma parte de las palabras acentuadas de la frase (*She ´turned ´on the ´radio*), mientras que la preposición forma parte de las palabras no acentuadas: *The ´car ´turned on the ´square.* [Sin embargo, la preposición está acentuada si tiene dos sílabas *-around-* o si está separada del verbo (➡ 150)].

Otra diferencia importante: numerosos verbos con partícula transitivos, como *turn on*, tienen dos construcciones:

- *She turned the radio on.* (V + GN + partícula)
  She turned on the radio. (V + partícula + GN)

Sin embargo, cuando el complemento es un **pronombre**, sólo es posible el orden V + partícula + GN:

- *She turned it on.*

La diferencia con los verbos preposicionales es importante en este caso, puesto que, contrariamente a la partícula, la preposición **precede** al complemento:

- *The car turned on it.* (*it = the square*; aquí, *on* es una preposición.)

Las dos construcciones (con partícula y con preposición) pueden combinarse; se obtiene entonces lo que se denomina un verbo con partícula preposicional:

- *The police never caught up with the thieves.*
  La policía nunca cogió a los ladrones.

os adverbios

139. Para qué sirven los adverbios

Los adverbios tienen múltiples funciones. Pueden modificar un verbo, un adjetivo u otro adverbio:

- *I have almost given up the idea.*   Yo casi he renunciado a esta idea.
  That´s very interesting.   Eso es muy interesante.
  They work awfully slowly.   Trabajan terriblemente despacio.

También pueden, entre otras funciones, expresar una delimitación sobre un grupo nominal o circunstancial:

- *Only you could do it.*   Sólo tú podías hacerlo.
  Doctor, I feel tired, especially in the evening.
  Doctor, me siento fatigado, sobre todo al anochecer.

o calificar un modo de expresarse:

- *Confidentially, I don´t like her either.*
  Entre nosotros, a mí tampoco me gusta.

140. Lugar de los adverbios

Los adverbios tienen, como en español, muchas posiciones posibles: al principio o al final de la proposición, en el grupo verbal o cerca de una palabra que califican. Hay que recordar un principio fundamental: el adverbio no debe ser colocado entre un verbo y un GN que sea su complemento directo. Hay que colocarlo, por ejemplo, después del complemento directo:

- *She answered the question **cleverly**.*
  Ella respondió hábilmente a la pregunta.
  *She speaks English **fluently/very badly**.*
  Ella habla fluidamente/con fluidez/muy mal en ingés.

Por otra parte, hay que prestar atención a los casos siguientes:

1. Muchos adverbios pueden colocarse inmediatamente **delante del verbo**. Se trata fundamentalmente de los adverbios de frecuencia indefinida (*sometimes, rarely, often, always, never*, etc.), de adverbios de modalidad (como *probably, certainly, possibly*) y de los adverbios de modo cuando no están colocados después del complemento:

- *They **rarely/often/occasionally** read books in English.*
  Ellos leen raramente/a menudo/de vez en cuando libros en inglés.
  (Adverbios de frecuencia indefinida.)

- *They **certainly** liked the place but they **only** stayed a few days.*
  Ciertamente les gustaba este lugar, pero no se quedaron más que algunos días.
  (Adverbio de modalidad.)

- *They **slowly** changed their ways.*
  Ellos cambiaron lentamente de métodos.
  (Adverbio de modo.)

Cuando hay una serie auxiliar(es) + verbo o *BE*, el adverbio se coloca **después del primer auxiliar**, y por tanto delante del verbo.

- *He would **certainly** have liked to be promoted.*
  Ciertamente le hubiera gustado ascender.
  *He has **obviously** been ill.*   Obviamente ha estado enfermo.

En cambio, cuando el **auxiliar** está **solo** (respuestas o repeticiones), el adverbio se coloca **delante del auxiliar**:

- *We **often** do. / She **finally** did. / I **certainly** will. / He **probably** has.*

Por último, cuando *BE* está **solo** (no seguido por un auxiliar o un verbo), el adverbio se coloca **después de *BE*:**

- *He is **obviously** drunk.*   Evidentemente está borracho.

2. Algunos adverbios (sobre todo los adverbios de delimitación como *only*) pueden encontrarse situados a distancia del término al que se refieren:

- *I **only** wanted to visit the garden, not the museum.*

Yo solamente quería visitar el jardín, no el museo.
*The company **mainly** hires computer engineers.*
La empresa contrata esencialmente ingenieros informáticos.

3. Un mismo adverbio puede, en función del lugar que ocupa, adoptar diferentes sentidos:

- *This theatre was **once** famous.*   Este teatro fue célebre en un tiempo.
  (*Once* localiza en el tiempo.)

  *I have only read the text **once**.*   Sólo he leído el texto una vez.
  (*Once* indica la frecuencia.)

  ***Roughly**, this is how it works.*   Más o menos funciona así.
  (*Roughly* califica la manera de expresarse.)

  *They pushed him **roughly** against*   Ellos le empujaron bruscamente
  the wall.   contra el muro.
  (*Roughly* indica el modo.)

141. Algunos adverbios que hay que conocer bien

- Los adverbios negativos (***not, never***) y seminegativos (***scarcely, hardly, barely***).

En indicativo, la negación *not* necesita unirse a un auxiliar (*DO* si no hay otro), mientras que *never*, así como *scarcely*, *hardly* y *barely* (no... mucho) se colocan directamente delante del verbo.

- *He can't swim. / He does not swim./ He **never** swims.*
  *I **barely** know him.*   Apenas le conozco/No le conozco mucho.

Las negaciones *not* y *never* se colocan justamente delante de *TO* + V (infinitivo con *TO*):

- *He asked her not to / never to open the door.*
  Le pidió que no abriera/ que no abriera nunca la puerta.

Si en la proposición hay un adverbio negativo, no puede aparecer a continuación ningún otro término negativo (adverbio, determinante o pronombre):

- *She **never** drinks any whisky.*   Ella no bebe nunca whisky.
  *She **hardly** ever drinks anything.*   Ella casi nunca bebe nada.

- ***Still*** y ***yet***

Estos dos adverbios pueden corresponder al español TODAVÍA, pero *still* se aplica a una situación que se prolonga hasta el momento considerado (por ejemplo el momento presente), mientras que *yet* se dirige hacia el futuro:

- *He **still** loves her.*   Él todavía la ama. / Él la sigue amando.
  *I **still** don't understand.*   Todavía no entiendo.
  *Nobody has done anything **yet**.*   Nadie ha hecho nada todavía.
  *This the funniest film they have made **yet**.*
  Es la película más divertida que han rodado hasta hoy (= Ellos no han rodado todavía una película más divertida).

*He has arrived **yet**?*   ¿Ha llegado?
(sobreentendido: quizás llegue más tarde)

- *Ever* y *at all*

Estos adverbios no pueden aparecer en contextos de sentido afirmativo:

- *Have you **ever** eaten fried grasshoppers?*
  ¿Usted ha comido alguna vez saltamontes fritos?
  *It´s very dark. Can you see anything **at all**?*
  Está muy oscuro. ¿Puede usted ver algo?
  *This is the funniest film they have **ever** made. (= They´ve never made a funnier film.)*
  Es la película más divertida que ellos han rodado jamás.

- *Else*

Este adverbio se coloca después de pronombres del tipo *nobody, anything*, etc. (➠ 126), y después de los pronombres interrogativos:

- *They were out, I had to ask somebody **else**.*
  No estaban, tuve que preguntar a otra gente/otra persona.
  *Anything **else**? / What **else**?*   ¿Nada más? / ¿Algo más?

- *Enough* y *too*

El adverbio *enough* se coloca detrás del adjetivo o el adverbio al que se refiere:

- *Is this box **enough**?*   ¿Esta caja es bastante grande?

No hay que confundirlo con el determinante *enough*, colocado antes del nombre:

- *Have you got **enough meat**?*   ¿Tiene bastante carne?

Con *too* modificando un adjetivo epíteto, atención al lugar de *A/AN* (+ contable):

- *It´s **too a difficult problem**.*   Es un problema demasiado difícil.

- *Somewhere/anywhere/nowhere* (o *someplace/anyplace/noplace* en la lengua familiar).

- *Is there anywhere we can sit?*   ¿Hay un sitio donde podamos sentarnos?

- *Any more/no more, any longer/no longer*

Pueden equivaler al español YA NO o TODAVÍA. Si hay una idea de cantidad, se impone emplear *any/no more*:

- *There aren´t **any more** difficulties.*   Ya no hay dificultades.
  *He doesn´t live here **any more/any longer**.*   Él ya no vive aquí.

- *Fairly, quite, rather*

Estos tres adverbios no son sinónimos, aunque generalmente pueden traducirse por BASTANTE:

- *The film is fairly/quite/rather good.*   La película es bastante buena.

Fairly, el más débil de los tres, equivale a RAZONABLEMENTE. *Quite* tiene el sentido de COMPLETAMENTE con un adjetivo como *true* (*It´s quite true*), pero por otra parte, en inglés británico, tiene el sentido de bastante o más bien si acompaña un adjetivo como *good*, compatible con una gradación. (Nótese también, con *quite*, el lugar del artículo *A/AN: It's quite a good film*.) *Rather* está más cerca de *very*.

142. Formas de los adverbios

1. Numerosos adverbios se forman a partir de adjetivos; se añade el **sufijo -*ly*** al adjetivo: *happy* → *happily; useful* → *usefully*.

Algunas palabras en -*ly*, sin embargo, no son adverbios sino adjetivos: *friendly* (amistoso), *costly* (costoso), *lovely* (adorable), etc.

2. Algunas palabras pueden ser en ocasiones adjetivos y en ocasiones adverbios, sobre todo *fast* (rápido/rápidamente) y *late* (tardío/con retraso), así como *daily/weekly/monthly/yearly* (diario/diariamente, etc.).

Orden de las palabras en la oración

Este capítulo está dedicado a las construcciones distintas de la construcción interrogativa (➡ 127), en las que el orden de las palabras no es sujeto-(auxiliares)-verbo-complementos. Constataremos que hay siempre, en estas construcciones, una razón precisa que origina el cambio de orden de las palabras. Hay que recordar que en inglés no es preciso, fuera de alguna de estos casos, modificar el orden sujeto-(auxiliares)-verbo-complementos.

143. Orden auxiliar-sujeto (*Never will they accept*)

1. Repeticiones con auxiliar del tipo *so does Tom* y *nor/neither does Tom* (➡ 6):

● *He speaks German, and* ***so does Eric.****/He doesn't speak English, and* ***neither does Eric****.*

2. Proposiciones que comienzan con un adverbio/una expresión de sentido negativo o restrictivo (*never, rarely*, etc.)

● ***Never*** *will the President accept this decision.*
Nunca el Presidente aceptará esa decisión.
Rarely *have I seen such a nice person.*
Raramente he visto a una persona tan amable.
Only yesterday *did I hear the dreadful news.*
Sólo ayer me enteré de la horrible noticia.
Hardly *had he sat down when the phone rang.*

Apenas se había sentado cuando el teléfono sonó.

Esta construcción pertenece a un nivel del lengua más bien elevado. La inversión que la caracteriza es provocada por la posición inicial del elemento negativo o restrictivo; es posible por tanto evitar esta inversión, simplemente dejando dicho elemento en su lugar natural:

- *The President will never accept this decision.*
  I have rarely seen such a nice person.

Un adverbio como *perhaps* o *maybe*, cuyo sentido no es ni negativo ni restrictivo, no desencadena la inversión si se coloca al principio de la frase:

Quizás él tiene la intención de venir. → *Maybe he intends to come.*

3. Subordinadas condicionales (*Had he come... = If he had come...*).

Este uso, que también pertenece a la lengua culta, sólo es posible con los auxiliares **were, had** y **should** utilizados en una subordinada **condicional no real**:

- **Had your mother come** (If your mother had come), *she would have told us about it.*
  Si su madre hubiera venido, nos habría hablado de ello.
  Should there *be a problem* (If there should be a problem), *let me know at once.*
  Si alguna vez hubiera un problema, hacédmelo saber al momento. [Sobre *there*, (➡ 10)].

144. Orden verbo-sujeto o *BE*-sujeto *(Here comes your brother, Here's your coat)*

Este tipo de inversión se emplea en los casos siguientes:

1. Con *BE*, así como con los verbos de situación *(STAND, LIE,* etc.) o de movimiento *(GO, RUN,* etc.), si la proposición empieza con un adverbio o un complemento de lugar:

- *Here's your glass of milk.*   Aquí está tu vaso de leche.
  (+ gesto para ofrecer o mostrar)
  In front of them stood the tower.   Ante ellos se alzaba la torre.
  Up went the lift.   El ascensor subió.
  Here comes the taxi.   Aquí viene el taxi.

Sin embargo, **no hay inversión** si el sujeto es un **pronombre**:
- *Here it is/ Up it went./ Here it comes.*

2. Con los verbos *SAY, ASK,* etc. utilizando el nivel elevado:

- *'I don't want to enlarge upon the subject,'said the man.*
  "No quiero extenderme sobre ese asunto", dijo el hombre.

En la lengua corriente, se dirá: *the man said.*

145. Dos procedimientos habituales para dar relevancia

1. *It was **a dictionary** that Tom bought.*

Este procedimiento permite poner de relieve el sujeto o uno de los complementos. Por ejemplo, comparar la construcción neutra de *Tom* pasada) con la de las frases siguientes:

- *It was **Tom** who bought a dictionary last week.*
  *It was **a dictionary** that Tom bought last week.*
  *It was **last week** that Tom bought a dictionary.*

Básicamente, esta construcción es paralela a la construcción española *Es... lo que/el que/quien...* Por tanto hay que tener en cuenta los dos puntos siguientes:

- El inglés impone la concordancia de tiempos en *It is/It was... that...*:

- *It´s her brother who **lives** next door to us./ It **was** her brother who **lived** next door to us.*

- El pronombre relativo utilizado en esta construcción es ***that***; no obstante, cuando la relevancia recae sobre un sujeto que representa a una persona, se puede utilizar (y se utiliza generalmente) ***who***: *It was Tom who came* (Fue Tom quien vino).

2. *What Tom bought was **a dictionary***.

Esta construcción también permite poner de relieve algunos elementos. En español hay una construcción paralela (Lo que Tom ha comprado...). Habrá que prestar atención a la concordancia del plural:

- *What Tom bought **were dictionaries***.

De este modo también se puede dar relevancia al **verbo**, que estará entonces en infinitivo con o sin *TO:*

- *What Tom **did** was (to) **buy** a dictionary.*

La voz pasiva

146. Voz pasiva: formas

Para transformar un grupo verbal activo en pasivo se le añade ***BE + participio***:

- *Tom **wrote** the letter.*   Tom escribió la carta.
  *The letter **was written** by Tom.*   La carta fue escrita por Tom.

Se tienen que conservar todos los elementos que están asociados al verbo en el GV activo, es decir el elemento presente/pretérito y eventualmente un modal, *HAVE* + participio y *BE* + *-ING*. El auxiliar *DO* es el único que desaparece en la transformación a pasiva:

- *Philip can/will take the message.* → *The message can/will **be** taken by Philip.*

Helen had posted the letter.	→ The letter had **be**en post**ed** by Helen.
My cousin is repairing the stereo	→ The stereo is **be**ing repair**ed** by my cousin.
Did the police arrest the murderer?	→ **Was** the murderer arrest**ed** by the police?

147. ¿Cuándo se emplea la voz pasiva?

Básicamente, el principio de utilización es el mismo que en español: se emplea la pasiva cuando no se puede o no se quiere nombrar al sujeto de la construcción activa correspondiente (*The letter has been posted*), o, más generalmente, cuando se quiere nombrar en primer lugar el "paciente"/el resultado/el beneficiario, etc. de la acción: *The cake was made by Sam* (El pastel ha sido hecho por Sam), *The message was received by Lucy*, etc.

Sin embargo, la voz pasiva inglesa tiene usos que en español corresponden a otras formas:

1. Equivalente de "se" pronombre indefinido:

● Quisiera que se le escuchase.   *He´d like to be listened to.*

2. Equivalente de una forma pronominal ("se" + verbo):

● Eso no se discute.   *It can´t be discussed.*

3. Equivalente de "se" reflexivo de pasiva:

● Se vendieron más motos que el año pasado.
More motorbikes were sold than last year.

4. Equivalente de "se" impersonal ("se dice/se cree/se cuenta que...":

● Parece ser que el rey está= Se cree que el rey está a punto de abdicar/Se dice que el rey está a punto de abdicar.
It is said that the king is about to abdicate./The king is said to be about to abdicate.

5. Equivalente de "nacer": la expresión utilizada en inglés (*be born*) es de hecho pasiva; por tanto, hay que conjugar be (hacer que lleve las marcas de tiempo/aspecto/modalidad).

● Él nació/Él debió de nacer en los años 50.
He was born/He must have been born in the 50s.

148. Valores adjetivales del participio

Comparar:

● *The work was finished at six.*   El trabajo fue terminado a las seis.
At six, the work was finished.   A las seis, el trabajo estaba terminado.

Solamente en la primera frase, BE + participio es una forma pasiva. En la segunda frase, el participio tiene un valor de adjetivo; tiene que ver con una construcción de BE + adjetivo (como, por ejemplo, en *The work was perfect*). En ciertos casos es importante diferenciar estos dos valores.

1. Elección entre *very* y *much/very much* (como equivalentes del español muy): *very* modifica un **adjetivo**, mientras que *much/very much* modifica un **verbo** (por lo tanto, se utiliza en construcciones pasivas).

- Él está muy cansado.   *He is very tired.*
  Este libro es muy utilizado.   *This book is used very much.*

2. Existen algunos "falsos participios" que sólo tienen un valor de adjetivo, sobre todo *shaven* (afeitado), *sunken* (sumido, hundido), *molten* (fundido), *proven* (probado), *learned* pronunciado /ˈlɜːnɪd/ (sabido, erudito), *blessed* pronunciado /ˈblesɪd/ (bendito).

3. Con algunos verbos, hay que distinguir tres casos:

a. *The car was repaired.*   El coche estaba reparado.

b. *The car was repaired (by Tom).*   El coche ha sido reparado (por Tom).

c. *The car was being repaired.*
El coche estaba en reparación/Reparaban el coche.

149. Construcción *GET* + participio

En ciertas condiciones, y en un registo de lengua más bien familiar, el auxiliar *BE* de una construcción pasiva puede ser sustituido por *GET*:

- *The chair **was** broken in the fight*   → *The chair **got** broken in the fight.*
  En la pelea, la silla fue rota.

A causa del sentido de *GET* (⟹ 12), esta sustitución queda excluida cuando *BE* + participio tiene un valor adjetival (por ejemplo en *He realized that the chair was broken*). Se emplea *GET* en algunas expresiones como *get married/get divorced* (casarse/divorciarse), *get used to* + GN o V-ING (acostumbrarse a) o *get dressed* (vestirse), y cuando el acontecimiento es visto como desagradable (por su sujeto o por algún otro).

- *The thief got caught.*   El ladrón fue capturado.
  The cat got run over by a car.   El gato fue atropellado por un coche.

150. Pasiva de los verbos con partícula y de los verbos preposicionales

Las dos categorías (⟹ 138) se parecen, en lo que respecta a la voz pasiva, en el punto siguiente: tanto la partícula como la preposición permanecen **a continuación del verbo**. Sin embargo hay, como en la voz activa, una diferencia en la **acentuación**:

- *The project was given UP.*   El proyecto fue abandonado.
  This furniture has been PAID for.   Este mobiliario ha sido pagado.

Pero, aunque no lleva el acento principal, la preposición está en este caso necesariamente en la forma "fuerte": /fɔː/ [y no /fə/, caso de la forma activa, preposición generalmente no acentuada, (⟹ 138)].

En español, los verbos preposicionales no pueden generalmente ponerse en voz pasiva, si bien el español recurre a menudo al empleo de *se* o de *alguien* (+ construcción activa) en los casos en que el inglés utiliza la pasiva:

- *He was looked after.*

Se ocupan/alguien se ocupa de él.
(Pasiva imposible en español)

En general hay que tener cuidado en no olvidar la preposición a continuación del verbo. El riesgo de olvido es mayor en los casos en que el verbo español es transitivo: *wait for sb./sth.* (esperar), *pay for sth.* (pagar), etc. (➠ 140).

También hay que mantener la preposición en su lugar normal en el caso de expresiones del tipo *pay attention to, take care of, lose touch with,* etc.: *He had been lost sight of* (Se le había perdido de vista).

Los **verbos preposicionales con partícula** como *put up with* (soportar), *make up for* (compensar), etc. (➠ 138) no presentan especiales problemas: en voz pasiva, la partícula y la preposición se mantienen a continuación del verbo, en su orden normal.

- *This situation can no longer be put up with.*
  Ya no se puede soportar esta situación.

Los complementos introducidos por una **preposición de lugar** pueden convertirse en el sujeto de una construcción pasiva, pero únicamente en los casos en que son vistos más bien como objeto que como lugar de la acción:

- *The house has never been lived in.*   La casa nunca ha sido habitada.
  This bed has been slept in/This glass has been drunk out of.
  Alguien ha dormido en esta cama/bebido en este vaso.

151. Pasiva de los verbos con doble complemento (*GIVE, COOK,* etc.)

Ya hemos visto (➠ 135) que estos verbos se dividen en cuatro categorías. Para cada verbo, las posibilidades de pasar a pasiva dependen de la categoría a la que pertenecen. Sólo la categoría *GIVE* permite utilizar libremente dos construcciones pasivas (ver a continuación). Para las otras tres construcciones, hay que saber cuál de los dos complementos puede convertirse en sujeto de una construcción pasiva.

1. Tipo *GIVE*

Estos verbos poseen dos construcciones en la voz activa: *Tom gave **Nora the photo*** y *Tom gave **the photo to Nora***. A estas dos construcciones activas corresponden dos construcciones pasivas:

- *Nora was given the photo (by Tom)./The photo was given to Nora (by Tom).*

La primera de estas dos construcciones es utilizada más comúnmente que la segunda, pero ello se debe simplemente al hecho de que en general, en los casos en que se utiliza una pasiva con los verbos del tipo *GIVE,* interesa en primer lugar el "beneficiario".

2. Tipo *COOK*

Hay que desconfiar de su aparente analogía con la categoría GIVE. También posee dos construcciones activas: *He had cooked an extraordinary dinner for his guests* y *He had cooked his guests an extraordinary dinner*; sin embargo, estos verbos sólo admiten una construcción pasiva: *An extraordinary dinner had been cooked for his guests*. Así pues, con estos verbos, **no hay que partir del beneficiario de la acción** (como se hace generalmente con los verbos del tipo *GIVE)* para forma una pasiva. (Única excepción: el verbo *buy*, se puede decir *She had been bought a magnificent present*.)

3. Tipo *EXPLAIN*

Estos verbos (al contrario de las dos categorías precedentes) sólo tienen una construcción: *She explained the situation to him*. Sólo pueden pasar a pasiva a partir del complemento **directo** de esta construcción: *The situation was explained to him*. Por tanto, con estos verbos (como con los verbos del tipo *COOK)*, no hay que caer en la tentación de partir del complemento de persona para formar una frase pasiva, al menos en los casos en que la "persona" no es el complemento directo de la construcción activa: el equivalente inglés de LE ROBARON SU COCHE es *His car was stolen* o *He had his car stolen*.

4. Tipo *REFUSE*

Estos verbos se construyen con dos complementos directos: *The bank refused **Tom a loan*** (El banco denegó un préstamo a Tom), *They charged **him** $30 for the repair* (Le hicieron pagar 30 dólares por la reparación). En general es utilizado como sujeto de una construcción pasiva el primer complemento: *Tom was refused a loan,* (pero *A loan was refused to Tom* también es posible), *He was charged $30 for the repair* (no hay otra posibilidad).

152. Verbos reversibles

Se denominan **verbos reversibles** los verbos del tipo *BREAK*, con los que un mismo grupo nominal -*the branch* en el ejemplo siguiente- puede ocupar tanto el lugar del complemento como el del sujeto, en dos construcciones activas diferentes:

- *The wind broke **the branch**.*
  El viento rompió la rama.

→ ***The branch** broke.*
La rama rompió.

En español hay que recurrir obligatoriamente a una construcción pronominal:

- *The book sells well.*
  He doesn´t bribe easily.

El libro se vende bien.
No se le corrompe fácilmente.

Subordinadas nominales en el indicativo o en el subjuntivo

Las proposiciones subordinadas nominales son proposiciones que ocupan en la frase la posición de un grupo nominal. Comparemos *I know that Tom doesn't smoke* con *I know the answer*: se ve que la proposición *that Tom doesn't smoke* ocupa el mismo lugar que el GN *the answer*; se trata por tanto de una proposición nominal, que es complemento de objeto del verbo *know*.

153. Subordinadas introducidas por las conjunciones *THAT* o "cero"

- *I think **that he is right**.* Pienso que tiene razón. (conjunción *THAT)*
  *I think **he is right**.* (Mismo sentido, conjunción Ø)

La conjunción *THAT* se pronuncia habitualmente /ðət/. [Compárese con *THAT* demostrativo, pronunciado siempre /ðæt/, (➡ 96)].

Las conjunciones *THAT* y Ø son muy a menudo intercambiables y, en la lengua corriente, se prefiere Ø. Sin embargo, el empleo de *THAT* es prácticamente obligatorio después de algunos verbos, adjetivos o nombres; así, se dirá:

- *He answered that it was too late.*
  Respondió que era demasiado tarde.
  It's impossible that she missed the train.
  Es imposible que (ella) perdiera el tren.
  It's my belief that he had been drinking.
  Estoy convencido de que había bebido/ había estado bebiendo.

Ciertos verbos ingleses exigen una construcción en *THAT/Ø*, mientras que sus equivalentes españoles permiten una construcción en infinitivo (➡ 160):

- Él cree ser el mejor. *He thinks he's the best.*
  Dudo poderme librar fácilmente. *I doubt I'll get rid of it easily.*

Verbos principales que pertenecen a esta categoría: *admit, believe, declare, discover, doubt, imagine, know, say, suppose, think.*
Hay que recordar, por otra parte, que en contextos directivos (es decir, después de verbos/adjetivos/nombres que contienen una idea de voluntad), se emplea *should* o el subjuntivo (➡ 57 y 69):

- *She suggested that he **should leave** at once/that he **leave** at once.*

(Ella) sugirió que (él) se fuera inmediatamente.

154. Construcciones del tipo *It is surprising that he lost the match*

Compárese:

● *That he lost the match is surprising.*
Que perdiera el partido es sorprendente.
→*It is surprising that he lost the match.*
Es sorprendente que perdiera el partido.

La segunda construcción (llamada **extraposición**) es utilizada con mucha más frecuencia que la primera. La palabra *it* colocada al principio de la frase no es el sujeto real de *is surprising*; simplemente, *it* desempeña la función sintáctica de sujeto, en lugar de la proposición *that he lost the match*, que es el verdadero sujeto.

La extraposición puede también implicar a proposiciones de **complemento**, en frases con atributo de complemento (➡136):

● *I find it surprising that he lost the match.*
Encuentro sorprendente que perdiera el partido.

Se puede comparar esta construcción con *I find his defeat surprising* (Encuentro su derrota sorprendente), donde se ve claramente que el adjetivo *surprising* es atributo del complemento *his defeat*. Se construyen así (con *it* de forma obligatoria) los verbos como *believe, consider, make, think*, etc, que introducen un complemento seguido de un atributo (➡ 136):

● *I consider it normal that he should have a rest.*
Considero normal que se tome un descanso.

155. Subordinadas nominales introducidas por una palabra en *WH-*

Recordemos que las "palabras en *WH-*" no son solamente *WHAT, WHEN*, etc, sino también *HOW*.

1. Interrogativas indirectas

Las dos frases siguientes son prácticamente sinónimas, pero la primera contiene una proposición interrogativa **directa** (*Where is...?*, ➡ 127), mientras que la segunda contiene una interrogativa **indirecta**:

● *He asked me, "Where is the post office?"*
Me preguntó: "¿Dónde está la oficina de correos?"
He asked me where the post office was.
Me preguntó dónde estaba la oficina de correos.

Hay que observar, por una parte, las modificaciones de tiempo, etc. debidas al paso al estilo indirecto, y por otra parte el hecho de que, en las interrogativas indirectas, **no hay inversión auxiliar/sujeto**.

Todas las palabras interrogativas de las preguntas en *WH- [HOW, WHEN,* etc. (➡ 127)] pueden introducir una interrogativa indirecta (*He asked how many people there were/when the message had arrived/who was coming/...*). Las interrogativas indirectas que corresponden a las "preguntas *Yes/No*" son introducidas por *WHETHER* o -en la lengua corriente-por *IF*:

● *She asked whether/if the guests had arrived.*
  (Ella) preguntó si los invitados habían llegado.

La utilización de una interrogativa indirecta es siempre provocado por la presencia en la frase de un elemento de sentido interrogativo, que puede estar contenido en expresiones muy diversas:

● *They didn´t know/They discovered how much money there was.*
  Ellos no sabían/descubrieron cuánto dinero había.
  The question whether it is useful or not doesn´t interest him.
  La cuestión de si es o no útil no le interesa.

En las subordinadas de tiempo no se puede emplear *WILL/SHALL* con un sentido futuro (➡ 58), pero esta regla **no afecta a las interrogativas indirectas**; el empleo de *WILL* es, pues, completamente normal en una frase como *I wonder when he´ll have that car repaired* (Me pregunto cuándo va a hacer reparar este coche).

2. Exclamativas indirectas

Estas proposiciones son introducidas por *WHAT* o por *HOW*, que también introducen a las exclamativas directas (➡ 129):

● *It´s incredible what a bad loser he can be!*
  ¡Es increíble lo mal perdedor que puede ser!
  You can´t imagine how irritating his remarks are!
  ¡No puedes imaginar lo irritantes que son sus comentarios!

En este caso también hay que prestar atención al orden de las palabras.

3. Subordinadas relativas nominales

Se trata de subordinadas relativas introducidas por pronombres relativos **sin antecedente** (o, más exactamente, pronombres relativos que contienen su propio antecedente):

● *He´s got what you want.* (*what = the thing(s) that*)
  (Él) tiene lo que usted quiere.

Las relativas nominales más corrientes son introducidas por *what*, pero algunas son introducidas por *who*:

● *You can meet who you like.* Puedes reunirte con quien quieras.
  o también por compuestos en *-ever* como *whatever* y *whoever*.
● *He´ll eat whatever he can find.* (Él) come todo lo que puede encontrar.
  (= cualquier cosa)
  I´ll give the book to whoever wants it. Daré el libro a quien lo quiera.

Contrariamente a las interrogativas indirectas, las relativas nominales están afectadas por la regla que prohibe el empleo de *WILL/SHALL* con un sentido futuro. Comparar:

- *I wonder **what he'll like**.*   Me pregunto lo que le gustará.
                                  (interrogativa indirecta)
  *He'll do **what he likes**.*   (Él)hará lo que quiera. (relativa nominal)

WHAT puede ser seguido por un nombre; en ese caso indica una cantidad más bien escasa:

- *He ate **what food** he could find.*

ubordinadas nominales con infinitivo, V-ING o participio

En cuestión de comida, comía lo que encontraba.

Comparemos las frases *I want **to stay*** (Quiero quedarme) y *I want **some tea*** (Quiero té): se ve que, en la primera frase, la proposición *to stay* ocupa la misma posición que el grupo nominal *some tea* en la segunda frase; esta proposición es, pues, una proposición **nominal**.

Por otra parte, el verbo de esta proposición está en infinitivo (con *TO*). El infinitivo, como V-ING y el participio, es una forma **impersonal** del verbo (➠ 3): no está "conjugado" y no tiene necesariamente un sujeto expreso. No obstante, un verbo con una forma impersonal *puede* tener un sujeto:

- *I want **Brian** to stay.*   Quiero que Brian se quede.

Si el sujeto es un pronombre personal, este pronombre nunca está en forma de sujeto: está en forma de **complemento** (*I want **him** to stay*) o, en algunas construcciones con V-ING, en forma de **genitivo** (*I don't appreciate **his** staying*).

156. Subordinadas con infinitivo sin *TO*

1. Proposiciones sin sujeto (*He helped **cook the dinner***)

- Después del verbo *HELP*, y después de los verbos *LET* y *MAKE* en algunas frases hechas:

- *You could help **do the dishes**.*   Podrías ayudar a fregar los platos.
  (*Help to* es posible también, pero se utiliza raramente.)

  *We'll have to **make do** with this screwdriver.*
  Vamos a tener que arreglárnoslas con este destornillador.

  ***Let go** the handle!*   ¡Suelta el mango!

- En una proposición que sirva para precisar el sentido del verbo *DO* (sentido de hacer) empleado en infinitivo en otro lugar de la frase:

● *Call the firemen was the only thing to do.*
Llamar a los bomberos era lo único que se podía hacer.

What he must do is ask for a loan.
Lo que (él) debe hacer es pedir un préstamo.

Se utiliza también el infinitivo sin *TO* en las subordinadas introducidas por *EXCEPT/BUT* (salvo) y por *RATHER THAN* (antes que...): *He does nothing but watch TV/He'll do anything rather than work* (Hará cualquier cosa antes que trabajar).

2. Proposiciones con sujeto (*He helped Tom cook the dinner*)

- Después de los verbos *SEE, HEAR, FEEL, WATCH, LISTEN TO*, etc. (verbos de percepción diferentes de *LOOK*):

● *He saw Sonia enter the house.*   Vió a Sonia entrar en la casa.
I watched him steal the wallet.   Le vi robar la cartera.

Estos verbos también pueden ser utilizados con V-ING (➟ 158).

- Después de *MAKE, LET* y *HAVE*:

● *The customs officers made them open their bags.*
Los agentes aduaneros les hicieron abrir las maletas.

The skycraper makes the church look small.
El rascacielos hace que la iglesia parezca pequeña. (Cuidado con el orden de las palabras en inglés.)

He let the prisoner escape.   Dejó escapar al prisionero.
[Cuidado con el orden de las palabras en inglés; además, no hay que confundirlo con *let* partícula imperativa, (➟ 71).]

I'll have Mario translate the letter for me.
Voy a hacer que Mario me traduzca la carta.
(Al contrario que con *make*, con *have* no hay idea de coacción.)

Con los **verbos de percepción** y *MAKE*, la construcción pasiva correspondiente se forma **con *TO*:**

● *He was seen to steal the wallet.*   Se le vió robar la cartera.
They were made to open their bags.   Les hicieron abrir las maletas.

157. Subordinadas en infinitivo con *TO* (*he wants to stay here*)

1. Observaciones generales

- Como en el caso de las subordinadas introducidas por *THAT* o Ø (➟ 154), existen construcciones llamadas **extrapuestas**:

● *It would be difficult to refuse.*   Sería difícil de rechazar.
(= *To refuse would be difficult.*)

Como en el caso de las subordinadas introducidas por *THAT* o Ø, la extraposición (con empleo de *it*) es obligatoria después de los verbos del tipo *FIND, THINK* o *MAKE*, que introducen un complemento + atributo de complemento:

- *I find it difficult to refuse*. Lo encuentro difícil de rechazar.
  This machine will make it possible to store data very cheaply.
  Esta máquina permitirá almacenar datos con un coste muy bajo.

- Existen igualmente las **interrogativas indirectas:**

- *There was a quarrel over whether to participate or not*.
  Hubo una disputa sobre la cuestión de si era preciso participar o no.

2. Subordinadas con sujeto expreso (*I want **Tom** to stay here*)

Cuando el sujeto es un pronombre personal, está en forma de **complemento**: *I want **him** to stay here*. Por otro lado, el sujeto está precedido obligatoriamente por *FOR* en los tres casos ilustrados por los ejemplos siguientes:

- **For Ken to refuse** *would be preferable* (o *It would be preferable **for Ken to refuse***): proposición en función de **sujeto**;

- *Let´s wait **for the rain to stop*** (Esperemos a que deje de llover): proposición **complemento de un verbo preposicional** construido con *FOR* (*wait for, arrange for,* etc.);

- *They are anxious **for the plan to succeed*** (Ellos están ansiosos de que el plan tenga éxito): proposición **complemento de un adjetivo.**

En estas construcciones, *FOR* no es el equivalente del español PARA; constituye simplemente el medio sintáctico de introducir el sujeto del verbo en infinitivo. Con algunos adjetivos también hay una construcción con *OF*, que tiene un sentido diferente; comparar:

- *It´s stupid for him to leave now*. Es estúpido que (él) salga ahora.
  It´s stupid of him to leave now. Es estúpido por su parte salir ahora.

158. Subordinadas de la forma V-ING *(I like listening to that music)*

La extraposición es más rara que con las subordinadas en infinitivo, si se dejan aparte ciertas expresiones como *It´s no use...* o *It´s a shame...*:

- *It´s a shame wasting all that food*.
  Es una vergüenza malgastar toda esa comida.

En algunos casos, hay que hacer una distinción entre dos valores de V-ING: por una parte el **gerundio** y por otra el **nombre verbal**. Comparar:

- *I like **singing that song***. Me gusta cantar esta canción. (gerundio)
  *I could hear **the singing of the birds***.
  Oía el canto de los pájaros. (nombre verbal)

Solamente en el primer caso *singing* es sintácticamente un **verbo** (y, en consecuencia, se está ante una proposición); en la segunda frase, *singing* es un **nombre**.

El GN sujeto del gerundio puede tener dos formas diferentes:

● *Would you mind **my** asking a question?*
¿Le molestaría que le hiciera una pregunta?
*Would you mind **me** asking a question?* (mismo sentido)

La primera es llamada **forma de genitivo** y la segunda **forma de complemento**. Si el GN no. es un pronombre, la forma de "complemento" no se diferencia de la forma de "sujeto": *Would you mind **Tom** asking a question?*

En algunos casos, el empleo de la forma de complemento es obligatoria (sobre todo después de los verbos de percepción *SEE, HEAR, WATCH,* etc.: *I heard **him** trying to start the car*); en los demás casos se puede elegir, pero en la lengua corriente se prefiere generalmente la forma de complemento, al menos con los nombres.

En lo que respecta a los verbos de percepción, hemos visto que el infinitivo sin *TO* también es posible; evidentemente hay una pequeña diferencia de sentido: en *I saw him crossing the square* (Le he visto atravesando la plaza) la acción es presentada en el curso de su desarrollo, mientras que en *I saw him cross the square* (Le he visto atravesar la plaza) es vista de forma global.

159. Subordinadas de participio *(He got promoted, He had his car repaired)*

La categoría de las proposiciones sin sujeto se limita a las proposiciones introducidas por *GET* [*He got promoted*, etc. (➡ 149)]. Las proposiciones con sujeto pueden ser introducidas por los siguientes verbos:

1. *HAVE* y *GET*:

● *He had/He got his roof repaired.*   Le repararon el tejado.
He had his car stolen.   Le robaron el coche.

Adviértase que *HAVE* no tiene en sí mismo un sentido causal. Palabra por palabra, *He had his car stolen* significa Él tenía/tuvo su coche robado. Sólo el contexto puede dar a la construcción un valor causal.

2. Verbos de percepción *(SEE, HEAR,* etc.), y algunos otros como *FIND*:

● *They saw the play performed in London.*
Ellos vieron representar la obra en Londres.
They found the village destroyed.
Ellos encontraron el pueblo destruido.

3. *WANT, LIKE, PREFER,* etc. (verbos que expresan una voluntad o un deseo):

● *I want this work finished by six.*
Quiero que este trabajo esté acabado para las seis.

160. Elección entre subordinadas con *THAT/Ø* y subordinadas de infinitivo con *TO*

En algunos casos son posibles las dos construcciones. Pueden incluso ser sinónimas (con un nivel de lengua más elevado si se emplea el subjuntivo): *It's important **that he arrive on time**/It's important **for him to arrive on time*** (Es importante que él llegue a tiempo). En otros casos, por el contrario, no hay elección:

1. Los verbos *WANT, PREFER, LIKE, LOVE* y *EXPECT* requieren a continuación, **cuando expresan una voluntad o un deseo**, una construcción en infinitivo: *I want/I prefer/I'd like/I'd love/I expect **him to stay**.* (Quiero/Prefiero/Quisiera/Me gustaría mucho/Espero de (él) que se quede). Adviértase también que, para el sentido de "aceptar", es preciso emplear *AGREE* (y no *ACCEPT):*

- Él aceptó quedarse.   *He agreed to stay.*

2. Algunos verbos (contrariamente a sus equivalentes españoles, no admiten ser seguidos directamente por el infinitivo:

- Él piensa llegar el lunes próximo.   *He thinks **he'll arrive** next Monday.*

161. Construcciones verbo + verbo: elección entre *TO + V* y *V-ING (I didn't like to ask/I didn't like asking)*

Puede haber un grupo nominal delante del segundo verbo (*I didn't like Tom to stay/Tom staying*), pero en general esto no influye en la elección entre *TO* + V y V-ING. Esta elección depende del tipo de relación que hay entre los dos verbos; dicho de otro modo, depende siempre del sentido.

1. Verbos seguidos siempre por *TO* + V: *He decided to stay / He persuaded Ken to stay.*

Como hemos visto *TO* expresa siempre un **movimiento** (concreto o abstacto) de un punto hacia otro. En la construcción verbo + *TO* + V, es el primer verbo el que corresponde al punto de partida y el segundo al punto de llegada. El movimiento puede ser del tipo "causa-efecto": el punto de partida (primer verbo) corresponde entonces a una **voluntad** o a una **causa** que puede llevar al cumplimiento de la acción designada en la proposición complemento (verbos del tipo *AGREE, ASK, GET, OBLIGE, PROMISE*, etc.):

- *He **promised** to be in time/not to be late.*   Prometió no llegar tarde.
  *I'll **get** him to help you.*   Voy a pedirle que te ayude.

El movimiento también puede ser de tipo **lógico** y llegar a la conclusión de que el acontecimiento representado por la proposición complemento es verdadera o probable (verbos del tipo *BELIEVE/DISCOVER/PROVE):*

- *They **believed/discovered/proved** him to be the murderer.*
  Ellos creyeron/descubrieron/probaron que él era el asesino.

Listas:

- verbos de voluntad/causa: *agree, ask, decide, enable, fail, get, hesitate, hope, manage, offer, persuade, promise, refuse, swear, teach, tell*, etc.;

- verbos de opinión: *appear, claim, seem, believe, consider, know, suppose,* etc.

2. Verbos seguidos siempre por V-ING: *I dislike (Ken) staying*.

La forma V-ING expresa siempre una **mirada** sobre un acontecimiento en un punto cualquiera de su desarrollo. Dejando aparte el caso de los verbos de percepción *(SEE, HEAR,* etc.), se trata evidentemente de una mirada en el sentido figurado, consistente en una apreciación o en un juicio:

- *She **enjoys** being at home.*   Le gusta estar en su casa.
  *I **can´t stand** him/his criticizing everything.*
  No puedo soportar que lo critique todo.
  *She **misses** seeing her native mountains.*
  Echa de menos no ver sus montañas natales.

Es también la idea de apreciación o de juicio lo que domina en el sentido de verbos que, a pesar de un aparente sentido de voluntad, son seguidos por V-ING:

- *Would you **mind** closing the window?*   ¿Le molestaría cerrar la ventana?
  *I´m **considering** going to Canada.*   Proyecto ir a Canadá.

Por otra parte, hay que recordar que V-ING contempla el acontecimiento en curso; esto explica su empleo con verbos como *STOP* o *KEEP (He stopped/kept **working** =* (Él) dejó de trabajar/continuó trabajando), que presuponen la existencia del acontecimiento.

Lista: *admit, avoid, contemplate, deny, enjoy, forgive, (cannot) help, mind, prevent, risk, (cannot) stand, suggest; finish, give up, keep, start, stop,* etc.

3. Verbos seguidos por TO + V o por V-ING: *I didn´t like **to ask/asking***.

- *REMEMBER:*

- *I remembered to close the door.*   Me acordé de cerrar la puerta.
  I remember closing the door.   Recuerdo haber cerrado la puerta.
La primera frase expresa una relación de causa a efecto, y la segunda una simple mirada.

- *TRY:*

- *Try to open the window.*   Intenta abrir la ventana.
  Try opening the window.   Quizás abriendo la ventana... Inténtalo.
                                (palabra por palabra: *Intenta abriendo la ventana.*)

- *NEED:*

- *He needs to sleep.*   Necesita dormir.
  The shirt needs washing.   La camisa necesita ser lavada.
La segunda construcción tiene necesariamente un sentido pasivo.

- *REGRET:*

- *I regret to tell you that it´s too late.*   Siento decirle que es demasiado tarde.

I regret telling you that it was too late.
Siento haberle dicho que era demasiado tarde.

Con *regret to* se sitúa el pesar antes de la acción a la que se refiere.

- *LIKE/LOVE/PREFER/HATE.* La diferencia es más o menos importante según los contextos.

● *I didn't like to ask.*   No quise preguntar.
                                   (He elegido no preguntar.)
I didn't like asking.   No me ha gustado preguntar.
                                   (He preguntado, y eso me ha desagradado.)
I always like to give people the benefit of the doubt.
Prefiero siempre otorgar a la gente el beneficio de la duda.
I don't like being stared at like this.
No me gusta que me miren fijamente de ese modo.

-*BEGIN* y *START:*

● *He began/started to tidy up the room/tidying up the room.*
Él se ha puesto a arreglar la habitación.

La diferencia de sentido es bastante pequeña; las dos formas son a menudo intercambiables.

En resumen: con *TO* + V, se nos coloca mentalmente **antes del acontecimiento**; con V-ING, se nos coloca mentalmente **durante** el acontecimiento (para juzgarlo, apreciarlo, etc.), a veces efectuando una vuelta hacia atrás (*I remember... -ing*).

4. Construcción + verbo + *TO* + V-ING: *He objected **to my staying**.*

En esta construcción, *TO* no es ya la partícula infinitiva, como en los casos anteriores, sino una **preposición**: comparar por ejemplo *He objected **to my staying*** con *He objected **to the marriage***. El empleo de V-ING se justifica de la misma forma que en la construcción verbo + V-ING: el primer verbo expresa cierta mirada o apreciación sobre el acontecimiento designado por el segundo. (Por ejemplo: *object to* = encontrar una objeción a.)

● *He **confessed to being** a heavy smoker.* Confesó ser un gran fumador.
*I'm **looking forward to meeting** them.* Estoy impaciente por encontrarlos.

162. Construcciones de adjetivo + verbo *(He is ready to stay, He is opposed to staying)*

La oposición entre las dos construcciones es exactamente del mismo tipo que la de los verbos; comparar:

- verbo + verbo: *He **refuses to stay**.* ≠ *He **objects to staying**.*

- adjetivo + verbo: *He **is unwilling to stay**.* ≠ *He **is opposed to staying**.*
                    Él no está dispuesto a quedarse. ≠ Se opone a quedarse.

Adjetivos construidos con *TO* + V: *able, anxious, ashamed, eager,*

furious, glad, happy, hesitant, impatient, surprised, willing.
Adjetivos construidos con *TO* + V-ING: *accustomed, used, opposed.*
Numerosos adjetivos son seguidos por *OF* + V-ING: *capable, certain, conscious, fond, proud, convinced, tired,* etc.

163. *TO* + V o V-ING en las subordinadas de sujeto

Aunque algunos contextos reducen la diferencia entre las dos construcciones, no son equivalentes. Comparar:

- *To abandon the project would be stupid.*
  Abandonar el proyecto sería estúpido.
  Abandoning the project was an act of courage.
  Abandonar el proyecto fue un acto valiente.

En el primer caso, se nos coloca mentalmente **antes** del abandono del proyecto (que todavía no ha tenido lugar). En el segundo caso, el abandono del proyecto ha tenido lugar, y se nos coloca mentalmente **durante**, para emitir sobre él una apreciación.

*S*ubordinadas circunstanciales

164. Características generales

Estas proposiciones tienen la misma función que un complemento circunstancial: comparar *He'll leave **when he has finished his work*** (Se irá cuando haya terminado su trabajo) con *He'll leave **this afternoon*** (Se irá esta tarde). Las palabras o expresiones que sirven para introducirlas (*when, as soon as, where,* etc.) pertenecen a la categoría de las conjunciones.

Ya hemos visto (⟹ 58) que el empleo de *WILL/SHALL* con un sentido futuro es imposible en ciertas subordinadas. Esta regla afecta a la mayor parte de las subordinadas circunstanciales; más exactamente, se aplica a toda subordinada cuya proposición principal constituya una forma de **condición**; ejemplo (caso de una subordinada de lugar):

- *.I'll go where they **tell** me to go.* (Cf. *If they tell me to go there, I'll go there.*)
  Iré donde me digan que vaya.

En los parágrafos que siguen señalaremos los ejemplos en los que esta regla se aplica.

165. Subordinadas de tiempo

Las conjunciones de tiempo más corrientes son *WHEN* (cuando), *WHILE* (mientras), *AS* (como, durante), *AFTER* (después), *BEFORE* (antes), *TILL/UNTIL* (hasta que), *AS SOON AS* /əz'suːnəz/ (tan pronto como, en cuanto), *NOW THAT* (ahora que), *ONCE* (una vez que), *SINCE* (desde que).

Hay que prestar atención a los dos puntos siguientes en las subordinadas de tiempo:

- No utilizar *WILL/SHALL* para expresar el futuro, ni *WOULD/SHOULD* para expresar un "futuro en el pasado"; en su lugar, utilizar el presente o el pretérito:

● Comenzad tan pronto como llegue.
*Begin as soon as she **arrives**.*
Él quería que comenzásemos en cuanto ella llegase.
*He wanted us to begin as soon as she **arrived**.*

- Utilización de los aspectos (*BE* + -ING o *HAVE* + participio):

● *When I opened the door, he **looked** at his watch.*
Cuando abrí la puerta, él miró su reloj.
*When I opened the door, he **was looking** at his watch.*
Cuando abrí la puerta, él estaba mirando su reloj.
Se lo diré cuando él se haya ido.
*I´ll tell you when he **has gone**...* (*...when he goes* equivaldría a ... cuando él salga.)

166. Subordinadas de condición

Generalmente son introducidas por *IF*. [Sobre los tipos de condición, (➡ 50)].

● *If it´s fine, we´ll go to the seaside.*
Si hace bueno, iremos a la costa/playa. (Condición abierta)
If it was fine (now), we´d go to the seaside.
Si hiciera bueno (ahora), iríamos a la costa/playa. (Condición irreal)
If it was fine (tomorrow), we´d go to the seaside.
Si hiciera bueno (mañana), iríamos a la costa/playa. (Condición no probable)

Para expresar una condición no probable, se puede reforzar la idea de duda utilizando en la subordinada bien sea *was to/were to* (*If you were to fail...* = En el caso de que fracasarais...) - (➡ 63), bien sea *should* (*If this product should not meet your requirements...* = Si este producto no respondiera a sus exigencias...) - (➡ 57).

Las conjunciones *UNLESS* (a menos que) y *AS LONG AS* (mientras que, con tal de que) también pueden introducir subordinadas de condición:

● *I won´t tell you **unless you promise not to tell anybody**.*
No te lo diré, salvo si me prometes no decírselo a nadie.
*You can take what you like **as long as you leave some for Janet**.*
Puedes coger lo que quieras, a condición de dejar algo para Janet.

167. Subordinadas de contraste

El contraste puede ser expresado por *ALTHOUGH/THOUGH* (aunque), *WHILE* (mientras que), *WHEREAS* (mientras que - nivel elevado).

El término gramatical **concesión** es utilizado para designar cierto tipo de contraste que equivale a YO LE CONCEDO QUE... (primer ejemplo siguiente).

● *Although* he is tired/*Though* he is tired, he won´t stop.
   Aunque esté cansado, no quiere detenerse.
   *He spends millions, **while** she has to economize on food.*
   Él gasta millones, mientras que ella está obligada a ahorrar en la comida.

En un estilo más bien elevado, existe una construcción que coloca al principio de la frase, delante de *THOUGH* o *AS*, el elemento sobre el que recae el contraste:

● *Tired though he his/Tired as he is*, he won´t stop.
   Con lo cansado que está, no quiere parar.
   Run as he may he´ll never catch the train.
   Por mucho que corra, nunca cogerá el tren.

El sentido de contraste está relacionado con el de condición, como muestra el empleo de *EVEN THOUGH* (aunque, incluso si) y el de *EVEN IF* (incluso si):

● *Even though* it´s cold, he wants to go out.
   Aunque haga frío, (él) quiere salir.
   Even if it´s cold, he wants to go out.
   Incluso si hace frío, (él) quiere salir.

El contraste también puede ser expresado por *WHETHER...OR* (*I´ll do it, whether he agrees or not* = Lo haré, esté él de acuerdo o no), por las palabras con *-EVER* como *however* y *whoever* (*However tired he may be...* = Por cansado que (él) esté...), o por adverbios como *STILL, ALL THE SAME, HOWEVER, YET* o *NEVERTHELESS* (todos significan SIN EMBARGO, NO OBSTANTE):

● *He´s very tired, but **still** he doesn´t stop/but he **still** doesn´t stop.*
   Él está muy cansado, pero sin embargo no se detiene.
   [Cuidado con el lugar de *still*, no confundir con *still* = todavía, (➡ 141).]
   *He´s very tired, and **yet** he doesn´t stop.*
   Él está muy cansado, y no obstante no se detiene.
   [Cuidado con el lugar de *yet*, no confundir con *not... yet* = aún no, (➡ 141).]

168. Subordinadas de causa

Las principales conjunciones de causa son *BECAUSE* (porque), *FOR* (pues), *SINCE* (puesto que), *AS* (como, porque).

● *Since* you know Tom well, why don´t you explain the problem to him?
   Puesto que conoces bien a Tom, ¿por qué no le explicas el problema?
   As I had no intention of applying for the job, I didn´t answer the ad.

Como no tenía ninguna intención de optar a ese empleo, no respondí al anuncio.

A menudo es posible utilizar una subordinada en V-ING para expresar la causa: *Having no intention to apply for the job, I didn't answer the ad.*

169. Subordinadas de finalidad y subordinadas de resultado

La noción de **resultado** y la de **finalidad** son muy parecidas: la finalidad es un resultado que se intenta obtener; o, en otros términos, la finalidad añade la idea de voluntad a la de resultado. (Puede emplearse el término **consecuencia** en lugar de "resultado".)

1. Subordinadas introducidas por *SO THAT* o *SO*

En general, la finalidad se diferencia del resultado por la utilización de un modal:

- *I faxed the letter so (that) they **would** receive it before the meeting.* (finalidad)
  He enviado la carta por fax para que la reciban antes de la reunión.
  I had faxed the letter, so (that) they received it before the meeting. (resultado)
  Yo había enviado la carta por fax, de modo que la recibieron antes de la reunión.

El modal utilizado en la subordinadas de finalidad es a amenudo *will/ would* (ejemplo anterior); sin embargo, puede ser también *can/could* si la finalidad que se quiere alcanzar pertenece solamente del dominio de lo posible:

- *I'll fax the letter so (that) they **can** read it before the meeting.*
  Yo enviaré la carta por fax para que ellos la leyesen/pudiesen leerla antes de la reunión.

En la lengua familiar se prefiere con frecuencia *SO* a *SO THAT* para expresar finalidad. En la lengua culta se puede utilizar *IN ORDER THAT*, y *SHALL/SHOULD* en lugar de *WILL/WOULD* (o *MAY/MIGHT* en lugar de *CAN/COULD*):

- *A messenger took the letter to the palace, in order that the king should receive it in time.*
  Un mensajero llevó la carta al palacio, para que el rey la recibiese a tiempo.

La finalidad negativa (sentido de "por si... no", o de "para el caso de que...") puede ser expresada por *(JUST) IN CASE*. Las formas *FOR FEAR THAT* y *LEST* sólo se emplean en un estilo elevado.

- *I'll take my cheque book **in case** they don't accept cash.*
  Cojo mi talonario de cheques por si acaso no aceptan efectivo.
  *Take your pullover **in case** it gets colder.*
  Coge tu jersey por si empieza a hacer frío.

2. Subordinadas introducidas por *TO*, *IN ORDER TO* o *SO AS TO*

IN ORDER TO (para + infinitivo) y *SO AS TO* (a fin de, para) no pueden expresar otra cosa que finalidad. En la forma negativa, se utiliza *IN ORDER NOT TO* y *SO AS NOT TO*.

- *He telephoned (in order) to make sure that they had arrived safely.*
  Llamó para asegurarse de que habían llegado bien.

  I have recharged the battery so as to be able to start the car easly tomorrow.
  He cargado la batería a fin de poder arrancar el coche mañana fácilmente.

  She only left a message, in order not so/so as not to disturb them.
  (Ella) se contentó con dejar un mensaje para no molestarles.

Si la subordinada de finalidad tiene un sujeto, este sujeto es introducido por *FOR* (➡ 157):

- *I have brought the accounts for him to check.*
  He llevado las cuentas para que él las compruebe.

Adviértase la ausencia de complemento a continuación del infinitivo: este complemento, ya mencionado en la principal (*the accounts*), no es repetido en la subordinada en forma de un pronombre.

En algunos contextos, *TO* + infinitivo no expresa finalidad:

- *He lived to be 95.*   Él ha vivido hasta los 95 años.
  It´s not for me to say.   No me corresponde a mí decirlo.

170. Subordinadas de modo y comparativas

1. La conjunción *AS* puede expresar el modo o la similitud:

- *He´ll do as he likes.*   Él hará como quiera.
  He´ll do as I tell him to do. Él lo hará como yo le diga.
  (*Will* es imposible en la subordinada de los dos ejemplos.)

En la lengua corriente se utiliza a menudo *LIKE* en lugar de *AS* conjunción (sentido de similitud):

- *Sit there like I told you.* (No apropiado en la lengua culta.) ·

AS y *LIKE* son aquí **conjunciones**, y dejando aparte el nivel de lengua, son equivalentes. Por el contrario, *AS* y *LIKE* no tienen el mismo sentido cuando son **preposiciones** (es decir, cuando introducen simplemente un grupo nominal); comparar:

- *He spoke like a statesman.*   Él ha hablado como un hombre de Estado.
                                 (Pero no es un hombre de Estado.)
  He spoke as a statesman.   Él ha hablado en tanto que/como hombre de Estado.

2. *AS IF* y *AS THOUGH* (como si) expresan una comparación con un hecho imaginario. El grupo verbal de la subordinada puede estar en pretérito (con un valor de pasado o de irreal) o en presente. También puede no tener verbo.

- *Don´t speak to me as if you knew everything.*
  No me hables como si lo supieras todo.
  It looks as if he is angry with her.

Parece como si él estuviera enfadado con ella.

*He stayed there, **as if** paralysed.*   Se quedó allí, como paralizado.
(Comparar con el español: en inglés, hay que emplear *if*.)

3. Es de notar la ausencia de *it* en la subordinadas comparativas introducidas por *AS* o *THAN*:

● *As we saw last time...*   Como vimos la última vez...
  As was expected, he succeeded.   Como se esperaba, triunfó.
  He came sooner than was expected.   Él ha llegado antes de lo que se esperaba.

Proposiciones relativas

171. Los pronombres relativos

Una proposición relativa está unida por medio de un **pronombre relativo** a un grupo nominal de la proposición principal; este GN se llama **antecedente** del pronombre relativo:

● *I know **lots of people** who don't like dogs.*
  Conozco mucha gente a la que no le gustan los perros.

En inglés hay tres tipos de pronombres relativos:

- la serie *who/whom/whose/which*; estos relativos varían según la naturaleza del antecedente y según su función en la proposición relativa;

- *that*, invariable;

- el **relativo cero** (Ø).

Pronombres relativos según la naturaleza del antecedente y la función del relativo				
	sujeto	complemento directo	complemento indirecto (ej.: preposición TO)	complemento del nombre
antecedente humano	who that	who (whom) that Ø	who...to (to whom) that...to Ø...to	whose
antecedente no humano	which that	which that Ø	to which which...to that...to Ø...to	whose of which

a. Los nombres colectivos que designan grupos humanos (➡ 76) pueden, como hemos visto, ser considerados singulares o plurales; en el primer caso son retomados por medio de *which* (*The government, which has decided...*), y en el segundo mediante *who/whom* (*The government, who have decided...*).

b. *Who* es empleado en función de sujeto, pero en la lengua vulgar también aparece en función de complemento directo o indirecto (en lugar de *whom*, reservado para el estilo culto):

● *They had to meet people **who** they did not much care for.*
  Tuvieron que encontrarse con gente que no apreciaban mucho.

c. *Whose* se emplea con antecedentes humanos y no humanos:

● *They showed some clothes **whose** style was really surprising.*
  Presentaron una ropa cuyo estilo era verdaderamente sorprendente.

d. El **relativo Ø** es utilizado en todas las funciones **salvo la de sujeto**.

172. Lugar del relativo

1. En inglés hay una fuerte tendencia a colocar el pronombre relativo al principio de la proposición relativa incluso cuando es introducido por una preposición. La preposición se mantiene en su lugar después del verbo:

● *The people **who he can depend on** are rare.*
  La gente con la que él puede contar es escasa.
  *The guests **they had been waiting for** had missed their train.*
  Los invitados a los que esperaban habían perdido su tren.
  *The goods **which you have paid for** will be delivered tomorrow.*
  Las mercancías que usted ha pagado serán entregadas mañana.

También se puede colocar la preposición delante del relativo, pero solamente en un estilo bastante culto, y si el relativo es *whom* o *which*:

● *The people **on whom he can depend** are rare.*
  *The guests **for whom they had been waiting** had missed their train.*
  *Te goods **for which you have paid** will be delivered tomorrow.*

Advertir que, por el contrario, *who* y *that*, así como el relativo Ø, imponen la construcción con la preposición después del verbo: *The goods **(that) you have paid for**...*, *The guests **(who) they had been waiting for**...*, etc.

2. Cuando el relativo es el genitivo *whose*, se coloca en cabeza de la proposición el conjunto del grupo nominal que contiene *whose*:

● *We met several people **whose names** I didn´t catch.*
  Conocimos a varias personas **cuyos nombres** no capté.

● *Is that the book **whose translation** you admire so much?*
  ¿Es éste el libro **del que** admiras tanto la **traducción**?

Por supuesto, *whose* no es seguido por *the*, puesto que es un genitivo (comparar con *John´s* en *John´s name*). Puede estar precedido por una preposición:

- *The people **on whose help he can depend** are rare.*
  Las gentes con cuya ayuda (él) puede contar son escasas.

3. Si el antecedente no es una persona se puede utilizar *of which* en lugar de *whose*; sin embargo este uso -que es relativamente raro- impone una construcción diferente: *of which* viene después del nombre, y el artículo *the* se mantiene.

- *We drove through a number of villages **the names of which** I can't remember.*
  Atravesamos muchos pueblos el nombre de los cuales no puedo recordar.

173. Relativas restrictivas y relativas apositivas

Algunas relativas aportan una información esencial sobre su antecedente, delimitando una subcategoría del mismo. Se las denomina relativas **restrictivas**:

- *Books **that deal with grammar** are always boring.*
  Los libros que tratan de gramática son siempre aburridos.

En inglés, las relativas restrictivas nunca están enmarcadas por comas. Otras relativas añaden solamente una característica a una categoría ya bien delimitada. Se las llama relativas **apositivas**:

- *Her grammar book, **which is about English**, is surprisingly interesting.*
  Su gramática, que trata del inglés, es sorprendentemente interesante.

Las relativas apositivas son empleadas sobre todo en la escritura; advertir la utilización de comas, que en este caso tiene una gran importancia; compárese:

- *The Conservatives **who support the Prime Minister** are sure of his victory.*
  (relativa restrictiva)
  *The Conservatives, **who support the Prime Minister**, are sure of his victory.*
  (relativa apositiva)

En la primera frase, la relativa delimita una subcategoría de conservadores (los que apoyan al primer ministro). La segunda tiene un sentido muy distinto: significa que todos los conservadores apoyan al primer ministro (y están seguros de su victoria).

Las relativas apositivas son introducidas obligatoriamente por un relativo de la serie *who/which* (excluyen *that* o Ø):

- *His wife, **whom I had never met**, was an air-hostess.*
  Su mujer, que yo nunca había visto, era azafata.

Los relativos *that* o Ø, en cambio, se emplean generalmente con preferencia a *which* en las relativas restrictivas cuando el antecedente no es una persona; y si el GN antecedente está formado con *only, first, last, next* o un superlativo, se emplea obligatoriamente *that* o Ø:

- *This is the only movie **that was shot in Peru last year**.*
  Ésta es la única película que fue rodada en Perú el año pasado.

*I consider this the most important result **we have achieved in years**.*
Considero éste el resultado más importante que hemos obtenido desde hace años.

174. Otros tipos de pronombres relativos

1. El relativo ***which*** puede representar a toda una proposición, que es su antecedente:

● *Keith won the race, which didn´t surprise his friends.*
Keith ganó la carrera, lo que no sorprendió a sus amigos.

Which repite la proposición *Keith won the race* (no repite sólo *the race*).

2. ***What*** es en algunos casos (➠ 155.3) un relativo que incluye a su propio antecedente: entonces es el equivalente de *the thing(s) which*.

● *We all enjoyed what you said.*
Nos gustó a todos lo que dijiste.

No es preciso en absoluto que haya antecedente para que se pueda emplear *what*. Cuando *all* o *everything* son antecedentes, les siguen los relativos Ø o *that*:

● *All you said/Everything you said was true.*
Todo lo que has dicho era verdad.

3. Los relativos ***where, when*** y ***why*** repiten antecedentes como *place*, *time/day*, etc. y *reason*:

● *I´m looking for a place where I can relax.*
Estoy buscando un lugar donde descansar.
That was the day when she arrived.
Es el día que ella llegó.

No obstante, después de *time/day*, etc. y *reason*, se encuentra también (sobre todo en la lengua corriente) el relativo Ø; y, de la misma manera, se encuentra el relativo Ø (en lugar de *in which*) después de *way*.

● *That was the day (when) she discovered the truth.*
Fue el día que ella ha descubierto la verdad.
That´s the reason (why) I couldn´t be on time.
Esa es la razón por la que no he podido llegar a tiempo.
I liked the way you cooked the meat.
Me gustó la manera como preparaste la carne.

a coordinación

175. Las conjunciones de coordinación y su función

Las principales **conjunciones de coordinación** son **_and, or_** y **_but_**. Los **términos de correlación** tienen una función similar; son **_neither...nor..., either...or..., both...and...,_** y **_the more/less...the more/less..._**

Todas estas palabras sirven para unir sea proposiciones sea términos que desempeñan un papel idéntico en la frase:

● _At the wedding, we saw **Edna** and **all her sister´s children**._
  En la boda vimos a Edna y a todos los hijos de su hermana.
  (Dos GN enlazados por medio de _and_.)

  They did the work **seriously** but **without pleasure**.
  Ellos hicieron el trabajo seriamente pero sin gusto.
  (Adverbio de modo y complemento de modo enlazados mediante _but_.)

  The cat is neither **here** nor **in the garden**.
  El gato no está aquí ni en el jardín.
  (Adverbio de lugar y complemento de lugar enlazados con _neither... nor..._)

176. Usos de las conjunciones de coordinación

Para enlazar más de dos términos, **_and_** o **_or_** sólo aparecen una sola vez, entre los dos últimos términos:

● _We must buy whisky, white wine, red wine, beer **and** a little mineral water._
  Tenemos que comprar whisky, vino blanco, vino tinto, cerveza y un poco de agua mineral.

And y _or_ no se colocan nunca delante del primer término -a diferencia de sus equivalentes españoles. (Empleo de _both_ y de _(n)either_ ➡ 177.)

Se pueden coordinar complementos directos e indirectos; en el caso de un complemento indirecto, no hay que olvidar la preposición:

● _The employees asked for, and finally got, a substantial rise._
  Los empleados pidieron, y al final obtuvieron, un aumento importante.

Después de _go_ y _come_, el verbo se coordina por medio de _and_ (omitido a veces en la lengua familiar después de _go_):

● _Go (and) get some flour, will you?_   Ve a buscar un poco de harina, ¿quieres?
  Why don´t you come and have dinner tomorrow?
  ¿Por qué no vienes a cenar mañana?

No obstante se puede, después de estos verbos, emplear _to_, que indica de forma clara una intención del sujeto:

- *I am sure he came to have a drink.*
  Estoy seguro de que vino para conseguir un trago.

Cuando se coordinan dos subordinadas circunstanciales, no se repite la conjunción de subordinación (y sobre todo no se emplea *that*):

- *Because they were tired and had already seen the film, they went to bed early.*
  Como estaban cansados y ya habían visto la película, se acostaron pronto.

177. Las correlaciones

Con **neither...nor...** y **either...or...**, el orden es siempre el siguiente: *neither/either* colocados delante del primer término, luego *nor/or* (repetidos si hay más de dos términos):

- **Neither** *the trains* **nor** *the buses were working.*
  Ni los trenes ni los autobuses funcionaban.
  Dreadful weather! We could **neither** *play tennis* **nor** *go for a swim.*
  ¡Qué tiempo tan espantoso! No se podía ni jugar al tenis ni bañarse.
  We can go **either** *by train* **or** *by bus.*
  Podemos ir en tren o en autobús.
  We could have **either** *duck,* **or** *chicken,* **or** *beef.*
  Podríamos tomar pato, pollo o ternera.

Both... and... puede ser utilizado para insistir sobre la asociación de dos términos coordinados:

- *Let´s have* **both** *cheese* **and** *a dessert.*
  Vamos a tomar queso y postre/a la vez queso y postre.

Para la correlación de variación progresiva ***the more/less... the more/less...***, (➡ 113).

Supresiones y sustituciones

178. Para evitar repetirse

Generalmente se evita repetir lo que acaba de ser mencionado. Para ello existen dos medios:

- Retomar lo que ya ha sido dicho con ayuda de un término especializado que lo sustituya:

- *I love those cakes, buy me a big* **one***. (one = cake)*
  He didn´t like washing the dishes, but after a week he had to **do it***. (do it = wash the dishes)*

- No repetir en absoluto, y en consecuencia suprimir (procedimiento llamado **elipsis**):

● *I love those cakes, buy me two.* (nada después de *two*; el vacío corresponde a *cakes*)
  He didn't like washing the dishes, but after a week, he had to.
  (nada después de *had to*; el vacío corresponde a *wash the dishes*)

179. Para evitar repetir un nombre o un grupo nominal

Para no repetir un GN entero también se puede utilizar un pronombre (➡ 121-126). Para no repetir un nombre solo, basta a menudo con suprimirlo (por tanto, practicar una elipsis del nombre), pero sólo es posible si hay un cuantificador o un genitivo en el lugar de la repetición:

● *There aren't enough bicycles, we need **three**.* (= three bicycles)
  No tenemos bastantes bicicletas, necesitamos tres.
  *There isn't enough bread, we need **a little more**.* (= a little more bread)
  No hay bastante pan, necesitamos un poco más.
  *If you need one more bicycle, you can borrow **Brian's**.* (= Brian's bicycle)
  Si necesitáis una bicicleta más, podéis coger la de Brian.

Cuando hay un **adjetivo** en el lugar de la repetición, se reemplaza el nombre por ***one(s)***, pero este procedimiento sólo es utilizable si el nombre es contable (➡ 125):

● *These cushions are the wrong colour, we need **blue ones**.* (blue ones = blue cushions)
  Estos cojines no tienen el color adecuado, necesitamos unos azules.

180. Para evitar repetir verbo y complementos

Se puede realizar la elipsis del verbo (con sus complementos, si los hay) con la condición de que haya un auxiliar en el lugar de la repetición:

● *We've never visited Italy and Greece, but we **might** next year.* (=we might visit Italy and Greece)
  Nunca hemos visitado Italia y Grecia, pero puede que lo hagamos el año que viene.

Este procedimiento se aplica en numerosas construcciones (➡ 6).

● *Her brother can't swim, and **neither can she**.*
  Su hermano no sabe nadar, y ella tampoco.
  *I suppose you can't swim.''Of course **I can**.*
  -Supongo que tú no sabes nadar. -Claro que sé.

La elipsis también es posible después de un verbo principal seguido por un infinitivo sin *TO* o con *TO* -en este último caso *TO* debe ser conservado.

● *They only bought a TV set because the children made them.* (made them = made them buy a TV set)

Ellos compraron una televisión porque los niños les obligaron.

Cuando no hay auxiliar en el lugar de la repetición, se emplea el auxiliar *DO*, que sustituye al verbo (y eventualmente a sus complementos):

● *'Funny he likes rock'n roll music at his age.' 'Oh, but I **do**, too, and I'm older.'*
  (do = like rock'n roll music)
– Es gracioso que le guste el rock a su edad. -Oh, a mí también, y soy mayor.
  *'You might have bought some milk.' 'But I **did**.' (did = bought some milk)*
– -Habrías podido comprar leche. -¡Pero si lo hice!..

También se puede reemplazar un verbo (y sus complementos) mediante *do it, do that* o *do so*, con la condición de que se trate de un verbo que representa una acción. **Atención**: en ese caso, *DO* no es un auxiliar sino un verbo, y en consecuencia se conjuga con otros auxiliares (incluido el auxiliar *DO*):

● *They've asked him to paint the whole house, but he **won't do it**.*
  Le han pedido que pinte toda la casa, pero no quiere hacerlo.
  ***Don't do** that.*   No hagas eso.

181. Los verbos de opinión *(I think so)*

Después de los verbos de opinión, se retoma una proposición reemplazándola por medio de *so* (Pienso/Espero **que sí** en español).

● *Is that film good?''I think so. / I don't think so. /I hope so.'*
– ¿La película es buena? -Creo (que sí). / -No creo. / -Espero.

Se puede repetir negando con ayuda de *not* (...**que no** en español):

● *"Will he be elected?' 'I am afraid not. / I hope not.'*
– ¿Va a ser elegido? -Temo que no. / Espero que no.

Sin embargo, se efectúa la elipsis cuando la repetición tiene lugar en la misma frase:

● *He will be elected, I think/I'm afraid.*
  Va a ser elegido, creo/temo.

Con el verbo *know* se realiza la elipsis en todos los casos (nunca se emplea *so*):

● *'There isn't any bread.' 'I know.'*
– No hay pan. -Lo sé.

Después de *say* aparecen *so* o *it/that. It/that* retoma las palabras que han sido pronunciadas, mientras que *so* retoma el contenido de una proposición susceptible de ser verdadera o falsa:

– *'Hell!' 'Don't say that.'* -¡Demonio! -¡No digas eso!
  (Como *Hell* no es una proposición verdadera o falsa, *do so* es imposible.)
  'It's going to rain.' 'Did the weatherman say so?'
– Va a llover. -¿Lo dijo el hombre del tiempo?

erbos irregulares

Cuando existe una forma regular se indica con la letra *R*. Se ofrece una traducción de cada verbo, pero sólo a título indicativo, puesto que dicha traducción, en muchas ocasiones, no es la única posible.

Presente	Pretérito	Participio pasado	
A			
awake	*awoke*	*awoken*	despertarse
B			
be	*was*	*been*	ser
bear/beə/	*bore*	*borne*	soportar
beat	*beat*	*beaten*	golpear
become	*became*	*become*	llegar a ser
begin /bɪˈɡɪn/	*began*	*begun*	empezar
bend	*bent*	*bent*	doblarse
bet	*bet*, R	*bet*, R	apostar
bite	*bit*	*bitten*	morder
bleed	*bled*	*bled*	sangrar
blow	*blew*/bluː/	*blown*	soplar
break /breɪk/	*broke*	*broken*	romper
breed	*bred*,	*bred*	criar
bring	*brought* /brɔːt/	*brought*	traer
build/bɪld/	*built*	*built*	construir
burn	*burnt*, R	*burnt*, R	quemar
burst	*burst*	*burst*	explotar
buy	*bought*	*bought*	comprar
C			
cast	*cast*	*cast*	arrojar
catch	*caught*	*caught*	coger
choose /tʃuːz/	*chose* /tʃəʊz/	*chosen* /tʃəʊzn/	elegir
cling	*clung*	*clung*	agarrarse
come	*came*	*come*	venir
cost	*cost*	*cost*	costar
creep	*crept*	*crept*	deslizarse
cut	*cut*	*cut*	cortar
D			
deal /diːl/	*dealt* /delt/	*dealt*	distribuir
dig	*dug*	*dug*	cavar

Presente	Pretérito	Participio pasado	
dive	*dove*, R	*dived*	bucear
do	*did*	*done*	hacer
draw	*drew*	*drawn*	dibujar
dream	*dreamt*, R	*dreamt*, R	soñar
drink	*drank*	*drunk*	beber
drive	*drove*	*driven*	conducir
E			
eat	*ate* /et/, /eɪt/	*eaten*	comer
F			
fall	*fell*	*fallen*	caer
feed	*fed*	*fed*	alimentar
fell	*felt*	*felt*	sentir
fight	*fought*	*fought*	combatir
find	*found*	*found*	encontrar
flee	*fled*	*fled*	escaparse
fling	*flung*	*flung*	arrojar
fly	*flew*	*flown*	volar ir en avión
forbid	*forbade*	*forbidden*	prohibir
foresee	*foresaw*	*foreseen*	prever
forget	*forgot*,	*forgotten*	olvidar
forgive	*forgave*	*forgiven*	perdonar
freez	*froze*	*frozen*	helar
G			
get	*got*	*got*	obtener
give	*gave*	*given*	dar
go	*went*	*gone*	ir
grind	*ground*	*ground*	moler
grow	*grew*	*grown*	crecer
H			
hang	*hung*	*hung*	colgar
have	*had*	*had*	haber o tener
hear	*heard*	*heard*	oír
hide	*hid*	*hidden*	ocultar (se)

134

Presente	Pretérito	Participio pasado	
hit	hit	hit	golpear alcanzar (un blanco)
hold	held	held	sostener
hurt	hurt	hurt	herir
K			
keep	kept	kept	guardar
kneel	knelt, R	knelt, R	arrodillarse
know	knew	known	saber conocer
L			
lay	laid	laid	abatir
lead /liːd/	led	led	llevar
lean /liːn/ /lent/	leant, R	leant, R	apoyarse
leap /liːp/ /lept/	leapt, R	leapt, R	saltar
learn	learnt, R	learnt, R	aprender
leave	left	left	dejar abandonar
lend	lent	lent	prestar
let	let	let	*dejar permitir*
lie	lay	lain	echarse acostarse
light	lit, R	lit, R	encender iluminar
lose /luːz/	lost	lost	perder
M			
make	made	made	hacer fabricar
mean	meant /ment/	meant	significar
meet	met	met,	encontrar (se)
mow	mowed	mown, R	segar
O			
overcome	overcame	overcome,	remontar vencer
P			
pay	paid	paid	pagar
put	put	put	poner
Q			
quit	quit, R	quit, R	abandonar
R			
read /riːd/	read /red/	read /red/	leer

Presente	Pretérito	Participio pasado	
ride	rode	ridden	montar (a caballo, en bicleta)
ring	rang	rung	sonar
rise	rose	risen	salir (el sol) elevarse
run	ran	run	correr
S			
saw /sɔː/	sawed	sawn, R	serrar
say	said /sed/	said	decir
see	saw	seen	ver
seek	sought	sought	buscar
sell	sold	sold	vender
send	sent	sent	enviar
set	set	set	fijar
sew /səʊ/	sewed /səʊd/	sewn, R /səʊn/	coser
shake	shook /ʃʊk/	shaken	sacudir
shed	shed	shed	proyectar
shine	shone	shone	brillar
shoot /ʃuːt/	shot	shot	tirar fusilar
show	showed	shown, R	mostrar
shrink	shrank	shrunk	encoger
shut	shut	shut	cerrar
sing	sang	sung	cantar
sink	sank	sunk,	hundir sumergir
sit	sat	sat	sentarse estar sentado
sleep	slept	slept	dormir
slide	slid	slid	resbalar
smell	smelt, R	smelt, R	oler
sow /səʊ/	sowed /səʊd/	sown, R	sembrar
speak	spoke	spoken	hablar
spell	spelt, R	spelt, R	deletrear
spend	spent	spent	gastar
spill	spilt, R	spilt, R	derramar
spin	span	spun	girar sobre sí mismo
spit	spat	spat	escupir
split	split	split	dividir
spoil	spoilt, R	spoilt, R	estropear
spread /spred/	spread	spread	extender
spring	sprang	sprung	brotar
stand	stood /stʊd/	stood	estar de pie

Presente	Pretérito	Participio pasado	
steal	stole	stolen	robar
stick	stuck	stuck	encolar
sting	stung	stung	morder
stink	stank	stunk	heder
stride	strode	striden	caminar a zancadas
strike	struck	struk	golpear
string	strung	strung	encordar
strick	struck	struck	sorprender
swear	swore	sworn	jurar
sweep	swept	swept	barrer
swim	swam	swum	nadar
swing	swung	swung	balancear (se)

T

Presente	Pretérito	Participio pasado	
take	took	taken	tomar
teach	taught	taught	enseñar
tear /teə/	tore	torn	desgarrar
tell	told	told	decir contar (un cuento)
think	thought	thought	pensar
throw	threw	thrown	lanzar
tread	trod	trodden	pisar

U

Presente	Pretérito	Participio pasado	
undergo	underwent	undergone	sufrir experimentar
understand	understood	understood	comprender
undertake	undertook	undertaken	emprender
upset	upset	upset	volcar transtornar

W

Presente	Pretérito	Participio pasado	
wake	woke, R	woken, R	despertar (se)
wear /weə/	wore /wɔː/	worn /wɔːn/	vestir
weave	wove	woven	tejer
weep	wept	wept	llorar
win	won	won	ganar
wind /waɪnd/	wound /waʊnd/	wound	enrollar
wring /rɪŋ/	wrung /rʌŋ/	wrung	retorcer
write	wrote	written	escribir

Tabla de materias